Parece difícil, ¡pero no lo es!

Àngel Llàcer

Parece difícil, ¡pero no lo es!

Saca lo mejor de ti y alcanza *tu* éxito

alienta
EDITORIAL

A Mapi, Pepe y Cristian

© Centro Libros PAPF, S.L.U., 2012
Alienta es un sello editorial de Centro Libros PAPF, S. L. U.
Grupo Planeta
Av. Diagonal, 662-664
08034 Barcelona

www.planetadelibros.com

Imagen de cubierta: © David Ruano
Ilustraciones de interior: © David Alcarria

ISBN: 978-84-15320-79-1
Depósito legal: B.22.718-2012-2012
Primera edición: noviembre de 2012
Preimpresión: Víctor Igual
Impreso por T. G. Soler

Impreso en España - *Printed in Spain*

ÍNDICE

SÓLO SEIS PALABRAS 11

COHERENCIA 13
Mamá, quiero ser actor 15
El oso hormiguero 18
Cuando me muera, yo tampoco saldré en los periódicos . 21
Usted no sabe con quién está hablando 24
La última mierda 27
La Teoría del Aguacate 30
El sexto sentido 33

TRABAJO 37
El esquí acuático 39
Las filas 42
Come, canta, caga 44
¡Que vienen los marcianos! 47
Déjate de cuentos 49
Unas cerillas cojonudas 51
El juego de la vida 53
Ya lo encontraremos 56

TALENTO 59
Ser simpático no es nada 61
Cara de pollo 64
El idiota de la tele 67
Me pones otra, por favor 70
Siéntate en mi regazo 72

PERSONALIDAD 75
El abrigo de *Matrix* 77
Woody Llàcer 80
El chico de las gafas 83
Estamos embarazados 86
A, ante, bajo, cabe, con, contra, de, desde... 89
Ego, luego existo 92

EMPATÍA 95
Yo, mi, me, conmigo 97
El príncipe y los espejos 100
La boda de los hijos de puta 103
¿Está el enemigo? Que se ponga 105
A que no sabes a quién me estoy... 106
Sé valiente y no me sueltes de la mano 109
¡Ay, hijos míos! 112
Para ser catalán eres muy simpático 115
¡Hala, ya lo he dicho! 118

DIVERSIÓN 121
Taladrando al personal 123
Las medias de Sara Montiel 126
¡Yo no soy un videojuego! 129
Peter Pan es un tío legal 132
El príncipe azul 134
¡¡Sácalo!! 137

AGRADECIMIENTOS 139

SÓLO SEIS PALABRAS

El éxito es como el olor corporal: cada persona tiene el suyo propio. Muchas veces no eres consciente de él y no siempre resulta agradable para las personas que te rodean. El subtítulo de este libro habla justamente de «tu» éxito, porque al final se trata de que sientas que tu vida es un éxito para ti. Hagas lo que hagas. Y huelas como huelas.

Para mí, el éxito consiste en hacer en cada momento lo que me viene en gana, decir lo que se me pasa por la cabeza y estar rodeado de mis amigos y mi familia. En este sentido, se podría decir que soy una persona de éxito.

De la misma manera que no hay dos éxitos iguales, tampoco hay dos caminos iguales para llegar a él. El mío, lo reconozco, no ha sido especialmente difícil (de ahí el título del libro), lo cual no quiere decir que haya venido solo: he trabajado mucho y sigo trabajando mucho para mantenerlo.

Como no hay dos caminos iguales, habrá cosas de las que te explicaré a continuación que te servirán y otras que no, así que toma lo que te apetezca (para mí un *gin-tonic*, por favor). No voy a darte recetas, sino a explicarte lo que a mí me ha funcionado. Y lo que a mí me ha funcionado, y me funciona, es tener siempre presentes estas seis palabras:

COHERENCIA

TRABAJO

TALENTO

PERSONALIDAD

EMPATÍA

DIVERSIÓN

Son sólo seis, pero muy potentes. Además, cada una esconde otras en su interior. Por ejemplo, tener personalidad significa tanto tener carácter y no dejarse humillar como atreverse a ser original y buscar una forma de ser única. Coherencia incluye actuar según tus principios, pero también saber compartir. Diversión se refiere no sólo a pasarlo bien, sino también a hacerlo mientras trabajas. Etcétera. Pero para conocer los detalles tendrás que leer el libro y sacar tus propias conclusiones. ¿O es que pensabas que no tendrías que hacer nada? ¡Va, hombre, va!

COHERENCIA

MAMÁ, QUIERO SER ACTOR

Según el profesor Angrill, de Esade, yo estaba destinado a ser uno de esos jóvenes cuyo talento ayuda a cambiar el país. La verdad, no sé si he cambiado algo, pero seguro que no de la manera que él imaginaba.

Entré en Esade, una de las escuelas de negocios más importantes de España, con una de las cinco mejores notas de mi promoción, así que aquel amable señor me recibió con un discurso animándome a ser un empresario de pro. El problema es que yo no quería ser empresario ni dedicarme a ganar dinero. De hecho, detestaba y detesto a las personas que principalmente (o incluso únicamente) piensan en ganar dinero. Así que nada más empezar el curso, lo primero que hice fue apuntarme al grupo de teatro de Esade y presentarme para delegado de clase. Y lo segundo, al cabo de unas pocas semanas, desertar. O sea, dejar Esade.

Tuve que decidir entre cambiar el país o cambiar mi vida. Y opté por lo segundo, como es obvio. Porque ¿cómo vas a contribuir a cambiar nada si ni siquiera estás conforme con tu vida? Además, no quería ser un tipo de cuarenta y tantos que después de hacer una carrera profesional aparentemente exitosa se da cuenta de que no siguió su verdadera vocación. Yo, aunque en aquel momento fue duro, decidí seguirla. Decidí ser actor.

Por suerte, mis padres se lo tomaron razonablemente bien (aunque, ahora que lo pienso, quizá no tanto... Más adelante te hablaré de cómo el paso del tiempo modifica los recuerdos, pero para eso tendrás que llegar al capítulo *Las medias de Sara Montiel*). Mi madre lo recuerda así:

> Cuando llevaba dos o tres meses en Esade, empezó a hacer un papel como de deprimido. Llegaba a casa y no decía nada, y se quedaba apagado, apático. Hasta que le preguntamos: «¿Qué te pasa, hijo?». «Que no quiero ir a Esade. Quiero ser actor.» Entonces le dijimos: «Pues haz las dos cosas». Y él: «No, yo si hago una cosa quiero hacerla bien». Le pedimos que recapacitara, pero nada, él no bajaba del burro. Así que se armó un drama y acabamos todos llorando, hasta la abuela de Àngel, que dejó de hablarle. Al final no tuvimos más remedio que ceder, pero le dijimos que se preparara bien. Así que decidió que haría las pruebas de acceso al Institut del Teatre de Barcelona. Eran casi dos semanas de pruebas, algo muy duro para aquellos chicos tan jóvenes. Cada día, cuando llegaba a casa, me decía: «No sé si entraré, mamá, la gente que se presenta es muy buena».

El primer gran triunfo de mi vida adulta fue cuando me admitieron en el Institut del Teatre de Barcelona. Yo había hecho una apuesta muy fuerte, que era dejar una carrera de dirección de empresas para ser actor. Y, aunque mis padres se portaron muy bien, tuve que aguantar cierta presión de la familia, que como es normal quería para su hijo una carrera «de provecho», como se decía antes. Para colmo, mi hermano mayor estaba estudiando medicina. Así que, cuando después de hacer las pruebas me dijeron que me admitían en el Institut del Teatre, me emocioné tanto que me pasé todo el trayecto del autobús (era el 16, todavía lo recuerdo) llorando. Y entré llorando en casa, que mis padres no sabían si era de tristeza o de alegría. Evidentemente era de alegría: por fin sentía que iba a hacer lo que quería. Y mis padres también lloraron: de la emoción de ver a su hijo inmensamente feliz.

Una vez leí una frase del experto en talento Juan Carlos Cubeiro que me gustó mucho y que viene a cuento: «Dedica el tiempo que haga falta para descubrir qué es con lo que más disfrutas, qué te hace levantarte cada mañana con ilusión. Si no quieres vivir la vida "mini", descubre para qué has venido a destacar y ser feliz».

P. D.: Así que si eres padre y lees esto, tal vez puedas sacar la siguiente conclusión: si dejas que tu hijo siga su vocación, contribuirás a su felicidad. Y, de paso, a la tuya.

EL OSO HORMIGUERO

Tenía 25 años cuando trabajé por primera vez con un director de teatro admirado por todo el mundo. Un hombre con un carisma excepcional, líder nato, gran conocedor del lenguaje teatral, un referente para mí y para muchos otros. Un gran hombre de teatro, vaya.

Yo era un pardillo que tenía su primera gran oportunidad en el mundo de los musicales. O sea, una hormiga. Por cierto, siempre que digo hormiga me acuerdo de aquel chiste en el que un perro lobo y un oso hormiguero disertan sobre sus orígenes y el oso hormiguero le pregunta al perro lobo: «¿Tú qué eres?». Y el otro responde: «Soy un perro lobo, porque mi padre era un perro y mi madre una loba. ¿Y tú?». «Yo soy un oso hormiguero». Y el otro contesta a lo Llàcer: ¡¡VA, HOMBRE, VA!!

Bueno, a lo que íbamos. Eran los últimos días de ensayos y algunos estaban muy nerviosos, entre ellos el director. Yo, sorprendentemente, no lo estaba demasiado, supongo que porque había trabajado con un nivel de autoexigencia muy alto, incluso había aprendido a simular a la perfección que tocaba el violonce-

lo mientras cantaba una canción imposible de la que te hablaré más adelante. Por cierto, un crítico de un periódico *vanguardista* dijo en su crónica: «Gran acierto de *casting* escoger a un brillante músico que demuestra además ser buen actor». ¡JAAAA! ¡Si sólo tenía que desviar la vista hacia el foso para ver al músico que tocaba de verdad! Bueno, los críticos, pobres...

El caso es que estábamos en uno de aquellos últimos ensayos en el teatro Grec de Barcelona (si no lo conoces ven a visitarlo, vale la pena) y de repente oí unos gritos por los altavoces que retumbaron por toda la montaña de Montjuic. Cuando mis antenitas de hormiga empezaron a moverse para tratar de entender lo que pasaba, descubrí al director-lobo vociferando en mi dirección. Yo, con mi insignificante voz de hormiguita, pregunté al Maestro si aquella vociferación iba dirigida a mí. Y él estalló: «¡¡¡Sí, Llàcer, a ti a ti a tiiiiiiii!!!!». En ese momento me quité el alzacuellos (hacía de cura: ironías de la vida) y le dije que, sintiéndolo mucho, me iba a mi casa. «Seré una hormiga, pero a mí no se me habla en ese volumen y con esa actitud de apisonadora», susurré para mí. El resto de actores y actrices me miraron atónitos, sin comprender cómo era capaz de dejar tirado al Maestro en pleno ensayo tres días antes del estreno. Pero hice lo que sentí que tenía que hacer.

No había ninguna reflexión en mi decisión. Fue una respuesta impulsiva a un ataque frontal. Está claro que de haber reflexionado sobre el tema me habrían venido a la cabeza argumentos como: 1) Es una gran oportunidad para ti, Àngel, aguanta. 2) No eres nadie, por lo tanto apechuga. 3) Te juegas tu puesto de trabajo. 4) Perdónale y no se lo tengas en cuenta. 5) Si vuelve a pasar, ya le dirás algo. 6) ... 7) ... 8) ... Y hubiera seguido con el ensayo, pero herido en mi dignidad.

Ahí aprendí que la dignidad es algo que todos tenemos y no debemos permitir que nos roben. En tu dignidad como persona reside tu credibilidad como profesional y tu respetabilidad social. Así que, si un día alguien ataca tu dignidad, no pienses: actúa. Ya reflexionarás después.

Nadie es más ni menos que tú. Mi truco para no achicarme es

imaginarme al que tengo delante defecando en un viejo inodoro de gasolinera, de esos que te obligan a quedarte en cuclillas. De esta manera, me resulta fácil pensar que tengo tanta o más dignidad que ese que quiere atentar contra la mía.

Lo mismo me pasó con una historia sentimental que tuve hace un tiempo. Me levanté una mañana antes que mi «pareja» y empecé a hacerle la maleta. Cuando estaba en ello, despertó y me preguntó, con ojos como pomelos: «¿Qué estás haciendo?». Le respondí: «Tu maleta». «¿Por qué?» «Porque ayer me gritaste.» «Sólo fue un grito.» «Sí, pero atravesó mi capa de dignidad.»

Está claro que de haber reflexionado sobre el tema me habrían venido a la cabeza argumentos como: 1) Hombre, Àngel, no te pongas así, que sólo ha sido un grito. 2) Todos tenemos un mal momento. 3) Dale una segunda oportunidad. 4) Es normal que en una relación amorosa haya algún grito de vez en cuando. 5) El amor apasionado tiene estas cosas. 6) ... 7) ... 8) ... Y hubiera seguido con la relación, pero herido en mi dignidad.

P. D.: De mi «pareja» de entonces no sé nada. Supongo que debe de ser feliz. Yo lo soy. Por cierto, creo que está bien que sepas que no sólo disfruté haciendo ese espectáculo, sino que el Maestro me llamó dos años después para participar en su siguiente producción.

CUANDO ME MUERA YO TAMPOCO SALDRÉ EN LOS PERIÓDICOS

Uno de nuestros problemas es que vivimos en un país de pandereta en el que no se valora el esfuerzo. El otro día pronuncié una charla delante de unos estudiantes de periodismo, y uno de ellos me explicó con toda tranquilidad, después de anunciarme que había ido de fiesta con Yola Berrocal, que su aspiración era ocupar una silla de esas en que se sientan personas de todo tipo, con o sin estudios, y empiezan a discutir (a ser posible a gritos) sobre las vidas de unos y otros. ¿Cuatro años de carrera para liarse a gritos en una especie de tertulia de marujeo? Pues vaya.

La televisión (o la forma que tenemos de ver la televisión) ha creado un fenómeno muy dañino que consiste en el deseo de ser famoso. Muchos jóvenes aspiran básicamente a ser famosos y le conceden a eso mucha más importancia que a trabajar para ser bueno en algo. El hecho de ser famoso se ha convertido en una condición social que incluso para alguna gente tiene una importancia relevante.

Cualquiera puede ser famoso. Eso no tiene ningún valor ni concede ningún verdadero privilegio. ¡Cuántas veces me he hecho una foto con alguien que sólo la quería porque mi cara le sonaba! En ocasiones, iluso de mí, me halaga que alguien quiera hacerse una foto conmigo porque pienso (equivocadamente, claro) que tal vez lo he hecho feliz en algún momento, ya sea en la tele o en el teatro. El ritual de la instantánea puede durar de treinta segundos a dos minutos y medio, dependiendo del fotógrafo/a y del aparato en cuestión (¡ay, que no era ese botón!; ¡ay, que se me ha acabado la batería!; ¡ay, que ha salido borrosa!; ¡ay, que ha salido sin flash!; ¡ay, ay, ay...!). Después de ese tiempo, en el que yo he seguido pensando (engañado, insisto) que esa persona ansiaba fotografiarse conmigo, me pregunta: «¿Y tú quién eras? ¡Aaaaaaaaaah!». Y automáticamente se me queda cara de mandril.

A menudo se me acercan personas que no tienen ningún interés en mí ni en lo que hago, y que sólo quieren compartir unos minutos conmigo para al día siguiente poder contar que estuvieron con un famoso. En todas estas ocasiones me siento absolutamente «despersonalizado»: un simple ente que sirve para que los demás se sientan importantes. ¡Ya me dirás tú la importancia que da eso! Lo único bueno es que he aprendido a conocer mucho más deprisa a las personas que se me acercan. Veo enseguida si son cariñosas, amables, estúpidas, antipáticas, educadas o maleducadas. Hay tanta mala educación en nuestro país... Y, curiosamente, la educación no está para nada ligada a las clases sociales (me he encontrado de todo en todas partes).

Ahora tú, querido lector, querida lectora, pensarás: «Ya, ya, pero seguro que se liga más siendo famoso». ¡Error! Yo ligaba mucho más cuando nadie me reconocía... Aunque también es cierto que era más joven.

Volviendo a mi disertación sobre la fama, recuerdo una ocasión en que dirigí una obra sobre jóvenes delincuentes, *Què*, que estrené en el teatro Coliseum de Barcelona. Para documentarme, visité varios centros de menores y hablé con los chavales recluidos allí. Una de las cosas que les pregunté fue: «Pero ¿por qué cometéis delitos si sabéis que os podéis meter en un lío de la hostia y acabar en un sitio como este?». Y su respuesta fue:

«Cuando tú te mueras, saldrás en la televisión o en los periódicos, y nosotros no». Así que descubrí que lo hacían por notoriedad. Era su curiosa manera de buscar la fama.

P. D.: Unas se operan las tetas y otros cometen delitos... Pero, al final, todo se acaba pagando.

USTED NO SABE CON QUIÉN ESTÁ HABLANDO

El concepto de «estatus» es otra de las lacras de nuestra sociedad. Me horroriza y me parece la chuminada más grande del mundo.

Lo veo en la gente que me rodea: las personas tienen tendencia a relacionarse sólo con sus iguales y con gente que no las pueda agredir ni sorprender, y con eso se pierden una de las mayores riquezas de la vida, que es la infinita variedad de la naturaleza humana. Por eso en algunas empresas, en sociedades determinadas, en equipos de trabajo, se inventan esas absurdas pirámides de estatus. Yo puedo hablar de algunas producciones teatrales, musicales o no, en que se puede encontrar desde la primera actriz hasta el chico del coro o la figuranta. Qué extraño resulta a ojos de algunos ver a la primera diva de una ópera hablando con un auxiliar de iluminación, por ejemplo. Lo primero que piensan algunos es que la diva se siente sola en su *suite* del hotel y busca la compañía nocturna puntual de un chico con un culito como el de Mario Casas. A mí, sin embargo, me gusta pensar que a lo mejor el chaval le cae bien y le apetece más charlar con él en los ratos muertos de un ensayo que con el tenor de turno, que quizá se cree en lo alto de la pirámide.

Por cierto, si alguien te viene un día y te dice: «Esto es una pirámide y supongo que ya sabes qué lugar ocupas», ponle de inmediato un cartelito imaginario en la frente en el que se lea claramente #idiotatotal. Eso ayuda, te lo digo yo, que lo he vivido, y que tengo amigos y conocidos de todo tipo, de todas las profesiones, de todas las etnias, de todas las extracciones sociales, de todas las tendencias sexuales... Por cierto, me sucede algo curioso. Vivo en un barrio de Barcelona que podríamos considerar «pijo», así que cuando se presenta en mi portería cualquiera que se sale de los estándares del barrio (o sea, que no tiene el «estatus» de pijo), mi portero en seguida le dice: «Vas a casa de Àngel, ¿verdad?».

Una persona nunca será mi amiga porque tenga un despacho enorme o una casa en la zona alta o un coche deportivo o mucho dinero en el banco. Valoraré otras cosas. Por ejemplo, que tenga alguna extraña virtud, como hacer el cubo Rubik en treinta segundos o vender su casa cantando o saberse de memoria una obra de teatro en verso o ser capaz de hacerme reír por enésima vez con un chiste hiperconocido (como el del oso hormiguero).

Entre aquellos que creen en el estatus, hay un perfil que me gusta todavía menos. Se trata de aquellas personas que utilizan, y que además encuentran lícita, la frase (para mí totalmente absurda) «usted no sabe con quién está hablando». No los soporto... Esto me trae a la memoria una anécdota que me contaron hace muchos años. El protagonista es un señor que trabajaba en el servicio de mantenimiento de un hotel de lujo de la Ciudad Condal donde por aquel entonces estaba alojado un famoso ventrílocuo nacional. El señor estaba sacando bolsas de basura del hotel por la puerta del aparcamiento y depositándolas en unos cubos. En ese momento irrumpió en la escena el famoso ventrílocuo y dejó su coche mal aparcado justo delante de los cubos. El señor de mantenimiento le pidió amablemente que moviera el coche, pues le dificultaba su tarea, a lo que el ventrílocuo respondió: «¡Usted no sabe con quien está hablando!». Mi héroe-señor de mantenimiento, en lugar de callarse, respondió: «¡Claro que lo sé! Con el mariconazo de los muñecos».

P. D.: Al señor lo echaron de su puesto de trabajo, pero yo siempre pienso, cuando recuerdo esta historia: #oletú.

LA ÚLTIMA MIERDA

(N. del Ll., o sea, Nota del Llàcer: Si estás bien contigo mismo/a no hace falta que leas este capítulo.)

Hay personas que van por la vida sintiéndose inferiores a las demás. Y otras al contrario: sintiéndose superiores. Lo curioso es que no hay mucha diferencia entre unas y otras: todas tienen un problema de autoestima. Las primeras desarrollan una actitud de cordero degollado para mostrar que se sienten mal consigo mismas, mientras las segundas desarrollan una actitud de reyes (o reinas) del mambo. Pero todas son lo mismo: personas que se quieren poco o mal.

Es difícil relacionarse con todas ellas, pero está claro que las que se creen superiores pueden amargarte la vida. Son seres detestables, sin sentimientos ni empatía, que sólo piensan en su negocio y que convierten a sus empleados en personas de poca autoestima. En muchas empresas o producciones, los que mandan hacen que la gente se sienta como la última mierda para conseguir más rentabilidad y tener menos problemas (aunque no saben que eso sólo funciona a corto plazo). Por ejemplo, últimamente me explican a menudo lo mal que tratan a los empleados de algunas tiendas de ropa y a los actores de reparto de algunas superproducciones, que tienen que oír a diario frases del tipo «Si no lo haces tú hay trescientos esperando» o «Al director no se le replica: se le escucha, se reflexiona, y si no estás de acuerdo, te comes la rabia en silencio y sigues adelante».

Pero ¡¿se han creído de verdad que somos imbéciles?! Estas situaciones me sacan de mis casillas, lo siento. Y lo que más me indigna es ver que algunas personas ya reciben como algo normal esas interpelaciones. Cuando estas personas van a una entrevista de trabajo o a un *casting* lo hacen con la actitud de «pedir». Van «pidiendo» un papel o un trabajo. De hecho, la expresión acuñada es ésa: «He ido a pedir trabajo». Y eso es un error. Hay que ir a ofrecer, no a pedir. Ésta es la actitud correcta: yo tengo esto y te lo ofrezco, te ofrezco mis servicios y mi talento. Y si te conviene, colaboramos. Y si no, me voy por donde vine y cada uno sigue su camino.

Tienes que aprender a mirarte al espejo y verte con buenos ojos. Ésa es tu fuerza. Eso es lo que te llevará al éxito personal y/o profesional. Tienes que decirte sin vergüenza lo que sabes hacer y lo que no. A veces me encuentro con gente no muy lista que me mira atónita cuando digo, por ejemplo, que yo sé dirigir una obra de teatro. Sí, lo sé hacer. Y no pasa nada por decirlo. Eso no me convierte en vanidoso. También hay infinidad de cosas que no sé hacer, como bailar o pintar (por mucho empeño que haya puesto en ambas), y también lo digo. Y eso no me convierte en un patán.

Te sugiero que dejes de leer un momento y te respondas a la pregunta: «¿Qué sé hacer?». Te dejo un espacio en blanco para que lo escribas, si quieres:

¿Ya? Pues bien, ahora ¡¡¡¡¡¡¡haaaaaaaaazlo!!!!!!! Sea lo que sea, dedícate a ello y no dejes que te coman la moral ni te digan lo contrario.

Hace poco hice un viaje a Ecuador con una ONG (Plan Internacional) y visité muchas comunidades de niñas y mujeres maltratadas. Un día, en una visita a una barriada de Guayaquil, tuve la oportunidad de hablar con un grupo que se hacía llamar «mujeres orgullosamente emprendedoras». Entre lágrimas me contaron que estaban sometidas a sus maridos. Y entonces una se alzó y explicó cómo se había deshecho del maltrato de su marido el día que comprendió que ella era igual que él, el día que empezó a quererse. Y dijo con el puño levantado: «¡Si yo he podido, vosotras también podéis!».

Por eso yo te digo, querido lector, querida lectora, que si ellas, que sufren una de las mayores humillaciones posibles, pueden, tú también. Si ellas no se esconden tras ese gran problema, no te escondas tú tampoco detrás de los tuyos. ¡No pongas excusas para no hacer lo que realmente quieres y sabes hacer!

P. D.: Y ahora responde a otra pregunta: «¿Qué no sé hacer?». Te ayudará mucho reconocer tus imperfecciones y ver que, a pesar de ellas, puedes seguir adelante con orgullo.

LA TEORÍA DEL AGUACATE

A menudo se confunde el respeto con las formas. A mí me cuesta mucho, por ejemplo, hablar a alguien de usted. Y, claro, alguien puede pensar: «¡Qué maleducado!». Pues no: lo que considero de mala educación es justamente hablar a alguien de usted. Puede parecer que lo respetas más, pero es justo lo contrario: lo que haces es alzar una barrera instantánea entre tú y esa persona. Para mí, la buena educación es abrir las puertas de tu casa, y de ti mismo, y mostrarte tal como eres. Es buscar la cercanía, decir «hola, aquí estoy y soy lo que ves». Y la mala educación es decir: «Usted está ahí y yo aquí, y no somos iguales».

Sólo en contadas ocasiones, cuando hablo con un señor mayor antipático, me sale tratarlo de usted. Sí, sí, hay muchos señores mayores antipáticos, te lo aseguro. Nunca he creído, como dice mucha gente, que haya que respetar a alguien sólo por el hecho de ser mayor. El respeto es algo que la persona se tiene que ganar, y no tiene nada que ver con los años que va cumpliendo. Yo respeto por igual a un chaval de doce años que a una señora de ochenta. Y, por el contrario, dejo de respetarlos al instante si se empeñan en demostrarme que son unos cenutrios. Y en ese caso me parece más grave lo de la señora de ochenta, porque no es lo mismo llevar doce años siendo un cenutrio que ochenta: la de ochenta lleva mucho más tiempo practicando y sabe hacerlo mucho mejor.

Hay gente mayor que es imbécil (ya está, ya lo he dicho). Por ejemplo, la típica señora que en el supermercado te aparta de la cola porque se cree con algún derecho especial... O el abuelo que en el autobús te obliga a levantarte antes de que tú hagas el ademán... O el ochentón amargado que te mira mal sólo por ser joven. ¡Aaaaarrrg, no lo sopooooorto! Y es que cuando uno es imbécil, lo es a cualquier edad. En contrapartida, también existen esos viejecitos encantadores que llevan toda la vida siéndolo y que con un simple buenos días te llenan de cosas buenas. Menos mal.

Para saber si una persona es imbécil o encantadora siempre me ha funcionado la Teoría del Aguacate. Uno puede cambiar de talante a lo largo de su vida, puede ser de muchas maneras, pasar por muchos estados dependiendo de la tranquilidad que sea capaz de conseguir en un momento u otro; puede estar de mejor o peor humor según su situación actual (si tiene trabajo o no, si está enamorado o no, si tiene buen sexo o sólo lo ve por internet...), pero ésa sólo es la parte comestible del aguacate, lo de color verde. Luego está el hueso, ese que dejas en el guacamole para que mantenga, justamente, el color verde. El hueso es la esencia de cada uno. La parte comestible puede estar mejor o peor, según el grado de madurez (del aguacate y de la persona), pero para que el guacamole salga bueno, el hueso tiene que ser también bueno.

Volviendo a los señores mayores no simpáticos y al respeto... Hay gente mayor que respeto mucho, por eso no podría hablarles de usted. Por ejemplo, con Jordi Pujol no me saldría. Sería para mí una especie de desprecio, y a mí Jordi Pujol me parece una persona muy respetable. De hecho, de él he aprendido algo que me fascina: la habilidad para llegar a un lugar y que parezca que estás en tu casa y son los demás los que en realidad han ido a visitarte (justo lo contrario que la Reina, que no parece anfitriona ni en su casa). En eso, Pujol es el #putoamo, como me dicen los chavales cuando me encuentran por la calle. Parece que sea el anfitrión allí donde va. Y eso es muy útil. Por ejemplo, cuando empiezas en un trabajo nuevo es bueno que tus nuevos compañeros sientan que les das la bienvenida, aunque sean ellos los que en teoría deben dártela. Ese sitio va a ser tu casa durante un tiempo, así que es justo que desde el principio te sientas como en ella y seas amable con los que la van a compartir contigo.

P. D.: Con el tiempo ya irás descubriendo los huesos de aguacate. Y verás si el guacamole sale bueno o no.

EL SEXTO SENTIDO

Vista, oído, gusto, olfato, tacto y... sentido común. Habrás escuchado mil veces que el sentido común es el menos común de los sentidos, pese a que todos apelamos a él cuando le reprochamos a alguien que haga las cosas de una forma diferente a como las haríamos nosotros. En realidad, en la actualidad deben existir más o menos unos 7.000 millones de sentidos comunes, uno por cada habitante del planeta, pues hablamos de un intangible de 7.000 millones de maneras distintas de ver o hacer algo. Ocurre como con el café: si hay diez comensales sentados a una mesa, a la hora del café responden: «para mí, uno solo»; «yo, con leche»; «cortado»; «solo con hielo»; «manchado»; «descafeinado de máquina con leche fría»; «igual, pero con leche templada»; «americano en taza mediana»; «frappé»; «descafeinado de sobre con sacarina»... Todos toman café, pero cada uno de forma diferente, tanto, que el décimo pide un Cola-Cao. Todos tenemos sentido común, pero cada uno el suyo.

Porque en realidad el sentido común no es más que la lucha constante entre lo que pide el corazón y lo que parece que exige la cabeza. Sin fórmulas fijas ni normas universales. «Pareces bobo, es de sentido común», te puede decir a veces alguien. ¡Y una leche! Si así fuera no me estarías diciendo esto. De hecho, si hubiera una manera tan fácil y tan común de hacer las cosas apenas habría problemas en el mundo. Ni tontos ni malos sobre la Tierra.

La llave del sentido común, intuyo, debe estar en alcanzar cierto equilibrio, más o menos perfecto, entre la cabeza (el motor) y el corazón (el impulso) que nos llevan y nos traen de un lado a otro de la vida, y que están presentes en todo lo que nos pasa y en cómo decidimos resolverlo. No se trata de encontrar un lugar común, sino ¡nuestro lugar común! Ese sitio donde siempre vence el sentido práctico y donde la tostada nunca cae del lado de la mantequilla. A lo largo de la historia, muchas veces ese supuesto sentido común único ha sido tomado (o impuesto) como una manera de que las cosas permanezcan y no avancen. La ciencia, por ejemplo, ha tenido que batallar sin tregua contra ese «pero en qué cabeza cabe» o ese «te has vuelto loco». Por fortuna, siempre habrá un Galileo que nos diga que «esto se mueve». Y es que, como decía Albert Einstein, «el sentido común es el conjunto de los prejuicios acumulados durante siglos». Y a ver quién es el listo que se atreve a llevarle la contraria a semejante lumbrera. Yo no. Ni los veloces neutrinos han podido vencerle y al final, como él dejó dicho, no hay nada más rápido que la luz.

Regresando al terreno de los comunes, tanto en mi vida personal como profesional pocas veces me he fiado de lo que se conoce como sentido común, que algunos despistados confunden con la intuición. A menudo me han propuesto proyectos que me han parecido, a bote pronto, una insensatez, y que me han hecho pensar: «Va, Àngel, va; dónde coño te vas a meter». En esas ocasiones, he sacado la balanza y he sopesado; y he tirado para adelante o los he tirado a la papelera. Es decir, me he dejado llevar por «mi» sentido común, valga la paradoja. Porque, al final, el sentido común son esos angelitos o diablillos que subidos a tus hombros te cuchichean cosas contrarias en cada oído para convencerte de algo. Eso dura hasta que uno tira por el camino de en medio, que suele ser el de la sensatez. Porque el sabio, al final, es el que mira, analiza y decide por sí mismo, aunque se equivoque. Y todavía es más sabio si sabe convertir esa equivocación en aprendizaje.

P. D.: Piensa bien y acertarás. #estoesasí.

TRABAJO

EL ESQUÍ ACUÁTICO

Después de quince años seguidos trabajando sin parar, hace poco decidí tomarme unos meses sabáticos. Eso no quiere decir que no hiciera nada (de hecho, aproveché para escribir este libro), sino que lo hacía «con la calma», como dice ahora la juventud, #divinotesoro. Me dejaba llevar por lo que me traía la vida y me aplicaba la filosofía D. P. (Dios Proveerá). Un día, por ejemplo, puse césped artificial en mi terraza. No fue una decisión premeditada, sino que acudí a la ferretería a comprar unos enchufes, vi un césped estupendo y pensé: D. P. Y de pronto me vi con un cúter en mis manitas cortando una moqueta verde... Moqueta que, por cierto, quedó estupenda.

Cuando paré me di cuenta de que era como si llevara quince años con los abdominales apretados haciendo esquí acuático y hubiera decidido amerizar en la playa. O sea, «arenizar». Imagínate el sonido de los esquís contra la arena: ¡fffffffffffffff! Así que los esquís frenaron y me quedé quieto y en silencio. Y un poco descolocado, por qué no decirlo.

Como era una situación nueva para mí, a veces me observaba como si fuera parte de un experimento. O sea, como si fuera a la vez un ratón de laboratorio y el científico sin escrúpulos que le ha quitado la ruedecita para que deje de dar vueltas. Y me di cuenta de que no echaba de menos el ritmo frenético de la ruedecita. Al contrario: de pronto no tenía más ambición que quedarme sentado en una silla mirando el paisaje. Como un abuelo. Creo que si me hubieran dejado sentadito en una silla con vistas al Pirineo y hubieran venido a recogerme al cabo de ocho horas me habrían encontrado en la misma posición, pero no por un ataque de lumbalgia, sino de placer. Aprovecho para confesarte que este es mi superobjetivo vital: llegar a ser un viejecito tranquilo que se sienta en una silla sin otra pretensión que la de ver la vida pasar. Aunque no sé si lo conseguiré, porque en estos tiempos que corren es más difícil llegar a la tranquilidad que a la vejez.

En aquel estado de observación de mi nuevo día a día descubrí algo interesante: necesitaba con urgencia vaciar la mente. No me daba cuenta, pero mi máquina de pensar precisaba una revisión a fondo. De no haber parado para entrar en boxes, quizás habría acabado echando humo por el capó. O habría gripado el motor, como dicen los moteros.

Vaciar la mente, aunque parezca contradictorio, ayuda a reflexionar. Te da lucidez. Los budistas hace tiempo que lo descubrieron, por eso son los maestros en eso de la meditación (que básicamente consiste en intentar no pensar). A los budistas se les ve tan serenos que a veces uno sospecha que se han tomado algo. Pero no: resulta que han entrenado la mente y saben cómo pacificarla para ver la simple realidad de las cosas.

No sé si a estas alturas se me ocurrirá hacerme budista, como a Richard Gere (salvando las distancias, porque él es más guapo, mejor actor, más seductor, más fibroso y más de todo). Lo que sí sé es que es necesario parar de vez en cuando y recargar a fondo las baterías. Te permite descansar y «despensar», que es algo así como vaciar la «despensa» de los pensamientos.

Ah, también sé otra cosa: que es un placer estirarse de vez en cuando en el césped artificial de mi terraza, puesto con estas manitas que Dios me dio, para simplemente ver pasar las nubes.

P. D.: Ahora que lo pienso, en vez de ser un viejecito tranquilo sentado en una silla, creo que preferiría ser Richard Gere sentado en una silla.

LAS FILAS

Es curioso que en esa época sabática no echara de menos la acción, porque si alguna cosa se me da bien, es ejecutar proyectos. De hecho, me considero mejor ejecutor que ideólogo. Si vienes y me dices: «¿Qué podemos hacer?». Te diré: «Ni idea». Sin embargo, si me dices: «¿Hacemos esto?», te lo haré de maravilla (y no hablo de besar: #queangelmebeseya).

También considero que trabajo muy bien en equipo. Tal vez sea inmodesto decirlo, pero como no creo que la modestia sea una gran virtud... (la humildad, en cambio, sí que lo es). Necesito trabajar con otras personas, compartir. Se me da bien tomar mis ideas y las de otros y construir algo con eso. En realidad, cuando se trabaja en equipo, no se sabe muy bien de quién son las ideas, y es bueno que así sea. Es más, si al finalizar un proyecto puedes decir «esta idea es mía» es que no has trabajado bien en equipo.

Es importante que cada uno descubra sus talentos y los potencie. La educación que reciben los jóvenes hoy en día, y la que recibimos los no tan jóvenes, no ayuda a eso. A más de uno se le tachó de «fracasado escolar» y con el tiempo se ha convertido en un gran cocinero o actor o empresario. Si a esas personas que hoy consideramos triunfadoras se las clasificó en la escuela de «fracasadas» es que algo no funciona. Y creo que ese algo es la educación, que sólo valora dos tipos de inteligencia: la literaria y la matemática. ¿Dónde quedan la inteligencia espacial y la musical y la emocional y la corporal-cenestésica y la naturalista...? Lo digo ahora: ¡no creo en las escuelas! Y no porque a mí me fuera mal, pues yo, aunque parezca un poco alocado, fui en realidad muy buen estudiante (¡de ciencias puras, toma ya!). Incluso ingresé en Esade y empecé a estudiar dirección de empresas. Eso sí, lo dejé al cabo de tres meses para hacerme actor, como ya sabes.

El caso es que el origen de muchos de los males de nuestra sociedad actual está en las filas. Sí, me refiero a las filas creadas por algunos profesores insensatos para clasificar a los alumnos como peores o mejores de la clase, como últimos y primeros de la fila. Yo estudié en el Liceo Francés de Barcelona, y aunque ahí eran bastante considerados, recuerdo que algunos profesores daban las notas de los exámenes en voz alta empezando por la peor y acabando por la mejor. O al revés, que para el caso es lo mismo. Al hacer esto, se etiqueta a unos como buenos y a otros como malos (¡cómo detesto las etiquetas, por Dios!). Y lo único que se consigue es traumatizarlos y convertirlos en monstruos, pues los que de pequeños están al final de la «fila escolar» se convierten con el tiempo en trepas que sólo piensan en llegar al principio de la «fila social», sin importarles los cadáveres que dejen por el camino.

Este mal enseñar de las escuelas repercute luego en una sociedad que fomenta la ambición, los celos, la falta de escrúpulos, la desconfianza y la insolidaridad. Y todo viene, sí señor, de las famosas filas del colegio, de la clasificación entre mejores y peores. Si se valorase por igual el talento para los números o las letras que el talento para relacionarse y trabajar en equipo, la sociedad sería muy diferente.

P. D.: ¿Recuerdas qué lugar ocupabas en la fila del colegio?

COME, CANTA, CAGA

Cada vez es más frecuente ver gente que consigue un reconocimiento social y profesional por el simple hecho de ser guapa, polémica o graciosa (o simplemente caer en gracia). Eso no tiene porqué desagradarnos (¡hay sitio para todos!), pero sí nos puede llevar a hacernos algunas preguntas: ¿Se merecen el lugar que ocupan? ¿Se mantendrán mucho tiempo en ese lugar destacado? ¿Alguien les ha hecho un flaco favor?

Más allá de la fama efímera, el único secreto para hacer algo bien es ensayar. O sea, trabajar mucho. El concepto de trabajo también está en crisis últimamente, por desgracia. Yo siempre les digo a mis actores en los ensayos, cuando me dicen que no saben cómo hacer algo: «*Répéter, répéter, répéter!*».

Hace tiempo hice un *casting* para una obra dirigida por Mario Gas, un Sondheim titulado *A little night music*. No soy cantante, pero ahí tenía que cantar, y para colmo era una canción muy difícil. ¡Pero me cogieron! ¿Por qué? Muy sencillo: porque fui el que lo hizo mejor. ¿Y por qué fui el que lo hizo mejor? Porque me pasé cuatro días haciendo sólo tres cosas: cantar, comer y cagar. Llegué a cantar aquella canción unas cuatrocientas cincuenta veces durante esos cuatro días; no siempre a viva voz, claro, pues tenía que cuidarme para el día D. Estoy convencido de que de todos los chicos que se presentaban al *casting* ninguno había cantado la canción tantas veces como yo. Por cierto, entre ellos estaba mi archienemigo —sí, tengo uno, y no es quien te imaginas—, que hizo un gallo tan impresionante que se oyó incluso en la sala donde esperábamos los siguientes (a veces la vida te hace estos regalos). Yo iba con la seguridad de que era el que más la había ensayado. Y, claro, cuando llegó mi turno me puse a cantar y fue como si aquella canción fuera mía. De hecho, ¡lo fue!

A veces alguien me dice: «¡Oye, eres muy bueno en lo que haces! *¡Tú sí que vales!* ¡Jaaaa!». Y yo le contesto: «No. Soy trabajador». Malcolm Gladwell (lo he buscado en Google porque no recordaba su nombre) dice en su libro *Fueras de serie* que «los ensayos no son eso que haces cuando eres bueno, sino lo que hace que seas bueno». En ese libro se habla de un estudio que se hizo en la década de 1990 en la academia de música más elitista de Berlín. Se convocó a todos los violinistas de la academia y se les dividió en tres grupos: las estrellas, los buenos y los normalitos. Y se les hizo a todos la misma pregunta: ¿cuántas horas has practicado desde que empezaste a tocar el violín? Se vio que casi todos habían empezado más o menos a los 5 años, y que al principio todos practicaban 2 o 3 horas por semana. Pero a partir de los 8 años, los considerados estrellas habían empezado a practicar más que los demás, en un *in crescendo* hasta llegar a las 30 horas semanales que practicaban en la academia. O sea, en total, los del primer grupo habían practicado unas 10.000 horas, los del segundo unas 8.000 y los del tercero unas 4.000. La moraleja está clara, ¿verdaaaaaaad? Para ser una estrella, en el sentido de ser excelente en lo que haces, no es necesario sólo tener talentos innatos, sino trabajar más que los demás.

El tal Gladwell habla de la teoría de las 10.000 horas. Dice que para ser excelente en algo tienes que haber practicado como mínimo 10.000 horas en ese algo. Llegó a esta conclusión tras analizar las vidas de algunas personas consideradas genios, como

Mozart, que al parecer dedicó aproximadamente esa cantidad de horas a componer antes de dar a luz su primera gran obra maestra, o Bill Gates, que estuvo programando todo ese tiempo antes de crear el primer Windows. O los Beatles, que en el momento en que estalló la beatlemanía llevaban tocando juntos en directo... ¡10.000 horas!

P.D.: Así que si queremos desarrollar un talento, *we can work it out!*

¡QUE VIENEN LOS MARCIANOS!

Uno de mis primeros trabajos fue hacer de tomate en la sección de frutas y verduras de un supermercado. Entenderás, pues, que no me dé ninguna vergüenza vestirme de pollo en televisión... Igual que Brad Pitt, por cierto, que hizo de pollo en un supermercado. Nuestras carreras podrían parecer paralelas, pero no... ¡yo nunca me casaré con Angelina Jolie! Sería un poco extraña la pareja Àngel/Angelina (podríamos jugar al Quién es quién). Si trabajas en algo absolutamente absurdo, esta historia de Brad Pitt te puede servir de consuelo, pues puedes pensar que igual el futuro te depara una vida como la de Brad Pitt.

El peor trabajo que he hecho en mi vida fue el de valla humana. Sí, sí, fui la primera valla publicitaria humana del país; y la última, seguramente. La cosa consistía en subirme a un andamio colocado delante del anuncio de una película y durante ocho horas anunciar a diestro y siniestro, vestido de aviador: ¡que vienen los marcianos! La película en cuestión era *Independence Day*. Nunca la vi, claro, le pillé una manía a los putos marcianos...

El trabajo duró sólo una semana, pero en ese tiempo me pasó

de todo y más. La peor hora era las cinco de la tarde, que coincidía con la salida de los colegios. Al principio de la semana los niños (siempre con esa crueldad tan característica) aún se comportaban, iban inspeccionando el terreno... Soltaban algún grito vejatorio tipo «¡Pringaooo!» o «¡Más marciano eres tú!» u «¡Ojalá vengan de una vez y se te lleven!». Eso es muy duro para la autoestima de un actor porque tu trabajo de introspección en el personaje que teme a los seres de otros planetas se ve directamente atacado por los comentarios hirientes de esos espectadores sin sensibilidad.

Compensaban esos momentos las visitas de mis amigos y familiares, que venían a ver mi «espectáculo» un ratito desde la calzada (los más pacientes aguantaban veinte minutos...) y que aplaudían al irse. No todos: mis padres se fueron susurrando entre dientes: «¿Crees que nuestro hijo hizo bien en dejar Dirección y Administración de Empresas?».

Pero vuelvo a los crueles niños. Cada vez eran más y más agresivos: me tiraban bolas de papel, latas vacías, incluso alguna piedra. Sus ataques (seguramente planeados durante las clases de sociales o educación física) eran cada vez más maquiavélicos, hasta el punto de que un día me robaron la escalera que colocaba cada día para subirme al andamio. Sí, ¡me dejaron allí arriba sin poder bajar! Ahí fue cuando intervino el cuerpo nacional de policía, convencido de que me había subido allí para acabar con mi vida tirándome al vacío. Les tuve que enseñar el contrato de trabajo (no tenían muy claro que aquello fuera un trabajo) para convencerles de que yo amaba mi vida y no tenía ninguna intención de acabar con ella. Finalmente informaron por radio a todas las unidades de que la presencia de un chico obsesionado con los marcianos no era un peligro público.

P. D.: Todos tenemos que hacer a veces cosas marcianas para acabar teniendo una buena vida en la Tierra.

DÉJATE DE CUENTOS

Hasta ahora mi vida se ha articulado por proyectos. Nunca me he planteado ambiciones mayores, y mucho menos «luchar para conseguir mi sueño», como he oído y oigo muy a menudo, especialmente entre los jóvenes. Mi planteamiento es completamente diferente: trabajo para alcanzar los objetivos que me propongo con cada proyecto. Tal vez esto sea más prosaico y pragmático, pero hasta ahora no me ha ido mal.

A la gente que utiliza esa frasecita le daría dos hostias y le diría: «¡Cambia el chip, hommmmmmbre, que así no vas a ningún sitio!». De hecho, creo que la frase «luchar por mi sueño» contiene dos errores de concepto. En primer lugar, porque «luchar» presupone un enfrentamiento, es decir, ir contra algo o alguien, y lo que hay que hacer es ir a favor de algo o de alguien. Luchar, además, tiene unas connotaciones belicistas que me disgustan. La vida para mí no es una batalla, y considero que las personas que la ven así se equivocan. Lo que hay que hacer es trabajar, eso sí, y si hace falta, mucho. Y, por qué no, divertirse, pasarlo bien haciendo lo que haces.

En segundo lugar, yo no creo en sueños, creo en objetivos. Y no es que con los años me haya vuelto un descreído, ya que siempre he pensado así. Hay que plantearse objetivos, porque los sueños, como dice el clásico, sueños son. Cuando trabajaba en *OT*, a menudo me llegaban los chavales con esa frasecita entre ceja y ceja. «Estoy aquí para luchar por mis sueños», decían. Y yo les daba una colleja y les decía: «¡Anda, tira p'adentro y déjate de cuentos! ¡¡Estás aquí para trabajar!!».

Soy consciente de que vende mucho más la expresión «luchar por mis sueños» que la de «trabajar por mis objetivos», pero también genera mucha más frustración. Y lo mejor para evitar la frustración (en la medida de lo posible) es plantearse objetivos concretos y realizables, tanto si dices «quiero ser el número uno del tenis mundial» como si te propones «jugar al tenis una vez por semana». Ambos son objetivos, cada uno con un grado de ambición diferente, pero objetivos al fin. Por cierto, recuerdo que cuando era niño jugaba al tenis. Al final de cada curso siempre se celebraba un torneo en el que se entregaban una serie de premios: al mejor *drive*, a la mejor volea, al mejor saque... Como a mí no podían darme ninguno, se inventaron la medalla al tenista más simpático.

Debo confesar también que no soy de los que se plantean grandes logros ni retos imposibles. Al contrario, voy haciendo en función de lo que me encuentro por el camino. Procuro ser flexible, ya que la vida me ha enseñado que de un día para otro te puede cambiar el escenario. Un día tienes una vida estructurada y al día siguiente vives en el caos y estás más solo que la una. Entonces tienes que volver a empezar, adaptarte y reinventarte, y tratar de hacer algo completamente nuevo. Y marcarte nuevos objetivos para esa nueva etapa, pues los anteriores han dejado de tener sentido.

Como ya te he contado, mi mayor ambición, mi objetivo a más largo plazo, es llegar a ser Richard Gere sentado en una silla frente a una montaña, mirando el paisaje, viendo los árboles mecerse y las vacas pastar. Pero igual que te digo una cosa te digo la otra: si hay que cambiar el plan sobre la marcha, se cambia y punto.

UNAS CERILLAS COJONUDAS

Mucha gente confunde el qué con el cómo. Si me dedico a fabricar cerillas y hago unas cerillas cojonudas que se venden en el mundo entero, difícilmente me darán un premio. Sin embargo, si diseño relojes (o rascacielos o vestidos de alta costura) y soy bueno, sí me lo darán. Para mí tiene tanto mérito una cosa como la otra. Porque las cerillas también son necesarias.

Lo que quiero decir es que es importante decidir a qué te quieres dedicar, por supuesto, pero una vez que lo haces, lo más importante es ponerle ganas, tratar de hacerlo lo mejor que sepas, sea lo que sea, tanto si haces cerillas como si haces relojes.

El programa *Sálvame* no es un buen ejemplo de nada, por lo menos a ojos de algunas asociaciones que otorgan premios de periodismo y televisión. Es decir, la gente se habla de una manera que es de todo menos educativa y respetuosa. Sin embargo, le dieron un premio Ondas a su presentador, Jorge Javier Vázquez. Eso creó revuelo y mucha polémica en algunos círculos de profesionales, que no comprendían cómo podían premiar al conductor de un programa de esas características.

¡A ver, señores! No premiaban al programa, sino a su presentador, al inteligente moderador que día a día repartía y daba juego. Sí, es cierto que J. J. no diseña relojes ni vestidos de alta costura, pero es el mejor fabricando cerillas. Y ¿por qué no premiar al mejor «fabricante de cerillas»? Por lo tanto, bravo a los que decidieron un día, con buen criterio, otorgarle un Ondas al mejor fabricante de cerillas.

Yo a veces también fabrico cerillas (no siempre puede dedicarse uno a la alta costura). Y cuando lo hago procuro hacerlo como el mejor. Por ejemplo, cuando dirijo un vodevil lo hago lo mejor que sé, y mis actores se van supercontentos a casa. Y, por supuesto, los espectadores también, que al final es lo más importante. Quizá nunca me den un premio por dirigir un vodevil, pero no por eso dejo de hacerlo lo mejor que sé. Y de disfrutar con ello.

EL JUEGO DE LA VIDA

Lo que más me gusta de las diferentes cosas que hago es dirigir obras de teatro, porque supone adentrarme en el conocimiento del ser humano. Ésa es, al menos para mí, la parte más enriquecedora: emocionarme y emocionar, conocer a otras personas y compartir con ellas una experiencia vital intensa, crear de la nada un artificio que parece más real que la vida misma (o no) y entregárselo al público para que sienta, para que reflexione, para que se remueva por dentro.

Dirigir obras de teatro es como un juego: el juego de la vida. De hecho, los franceses utilizan la palabra *jouer* para decir «actuar», y esa misma palabra también significa «jugar». El teatro es como jugar con personas (que no es lo mismo que «jugar con las personas», es decir, manipularlas en tu beneficio). Para ello, primero tienes que entender lo que quiere explicar el autor, y luego tratar de ser fiel a su mensaje. Hay quien prefiere adaptarlo, interpretarlo y tomar libremente lo que le parece. Yo soy muy de partitura, de tratar de transmitir fielmente el mensaje, de ejercer de vehículo entre el autor y el público.

Dentro de ese *jouer* está el trabajo con los actores, que es lo que más me gusta de mi oficio. Me das un buen texto y un grupo de actores más o menos comprometidos y me olvido del tiempo y de la realidad (como los niños con las *gueimbois* y las *pleiesteixons*, pero con personas). Me encanta ayudar a que cada actor busque en su interior las emociones necesarias para interpretar un personaje. Guiarlo para hacer de una mentira una verdad. En el supuesto, claro, de que aceptemos que hay una línea que delimita lo que es verdad y lo que es mentira, cosa que no siempre está tan clara.

Los buenos actores son los que te hacen creer que aquello que ves es verdad, porque para ellos, en aquel momento, lo es. Es decir, saben que están actuando, pero se lo creen tanto que por un momento, el tiempo que dura la interpretación, se olvidan de que tienen un «yo» y no distinguen entre la actuación y la vida. Por cierto, odio que alguien me diga: «Oye, tú eres actor, ¿no estarás actuando?». Pues sí y no, no y sí. Todos actuamos todo el tiempo, pero no por eso dejamos de transmitir verdades.

Un actor, cuando lo estoy dirigiendo, ha de ser un instrumento, tiene que hacer lo que yo le diga. Algunos actores, si leen esto, se enfadarán, pero creo que así debe ser por el bien de todos, de la obra y del mensaje, especialmente. Si un actor me dice: «Déjame añadir algo, que yo también tengo cerebro». Le diré: «No, tú ahora no tienes cerebro». Y es que el actor tiene que ofrecer su voz y su cuerpo, sus emociones y su alma como vehículo para llegar al espectador. Si el autor es bueno, ya sabe por qué ha escrito lo que ha escrito, y seguro que siguiendo el texto encontraremos la manera. Cuando esto sucede, cuando encuentras la manera, es increíble, precioso, mágico, conmovedor, definitivo. Por eso disfruto a rabiar guiando el cuerpo del actor, su voz, que está ligada con su emoción, y en última instancia su alma. Siempre con la vista puesta en algo superior, que es la obra, y por supuesto la emoción del espectador.

A parte de dejar el cerebro aparcado en casa, a los actores que trabajan conmigo sólo les pido un par de cosas: que lleguen a los ensayos puntuales y con el texto aprendido. Ah, y duchados, por supuesto.

P. D.: Los actores y las actrices con más cerebro son justamente aquellos que saben dejar el cerebro en casa antes de ir a actuar.

YA LO ENCONTRAREMOS

Me gustan las cosas cuando no sé cómo hacerlas. Cuando son un reto. Porque así no me aburro, claro. Lo peor del mundo es el aburrimiento, la repetición, la monotonía. Una gran actriz amiga mía, Clara Segura, siempre me dice: «Eres de los pocos directores con los que he trabajado que cuando le pregunto "¿Cómo se hace esto?" tiene las santas narices de reconocer que no tiene ni puta idea». Y es verdad: no siempre tengo una respuesta, y cuando no la tengo, no me cuesta nada reconocerlo. Simplemente sigo: «No sé, ya lo encontraremos».

Muchos directores se inventan cualquier cosa antes que reconocer que no saben cómo se hace algo o que no conocen la respuesta a una pregunta. Lo hacen, claro, por miedo. Por miedo a perder autoridad, a parecer débiles. Confunden autoridad con seguridad. Y es que se puede tener autoridad y al mismo tiempo dudas, siempre y cuando transmitas que estás dispuesto a buscar la respuesta a esas dudas.

Hay que perder el miedo a reconocer que no sabes. No hace falta transmitir seguridad absoluta y sin fisuras para dirigir bien un equipo, que al fin y al cabo es lo que hace un director de teatro. El director debe ser lo que los romanos llamaban un «*primus inter pares*», o sea, un igual al que los demás conceden cierta autoridad, pero al fin y al cabo un igual. Y, como persona normal que es, un director también puede equivocarse. Es más, debe equivocarse, pues si no lo hace es que no está probando cosas nuevas. El que busca yerra, pero al final acierta, pues la búsqueda en sí ya es un acierto. El error nunca es un fracaso si forma parte de una búsqueda.

En general, las personas debemos darnos el permiso de equivocarnos. Y de reírnos de nuestras equivocaciones. Si alguna virtud tengo (al menos así me veo yo) es que me río mucho de mí mismo, mucho. Lo cual no está reñido con la autoexigencia profesional, ni con la autoridad, que también las tengo. Porque, aunque pueda parecer lo contrario, tengo mucho carácter. Por eso siempre trato de transmitir a las compañías que creo que no pasa nada por equivocarse, que el error, insisto, no es un fracaso. A veces incluso me equivoco a propósito para que vean que nos podemos equivocar y luego solucionarlo.

Hay jefes que no saben equivocarse, que tienen miedo a hacer el ridículo. Y eso mismo los convierte en ridículos. Si fueran capaces de reírse de sus errores, de hacer un poco el ridículo y reconocerlo, el ambiente de trabajo se destensaría y su equipo trabajaría con menos miedo y más eficacia. Porque se confunde seriedad con eficacia. Como te decía antes, hay muchas personas que siguen enganchadas a la idea del estatus. Por eso no entienden que un jefe no es menos jefe por no saber algo, igual que un padre no deja de ser buen padre por reconocer ante su hijo que no tiene todas las respuestas. Al contrario: al reconocerlo, permite a su hijo crecer, pues éste deja de esperar que se lo den todo machacado y se convierte en buscador de respuestas.

TALENTO

SER SIMPÁTICO NO ES NADA

El talento no está ligado al éxito. Conozco a un actor (no te diré el nombre) con el que coincidí una vez en un proyecto *amateur* (por cierto, nunca me ha gustado esa palabra). En los ensayos lo hacía rematadamente mal, hasta tal punto de que tuvimos que suspender un Shakespeare porque el pobre no daba con el tono del personaje ni a la de tres. Pues resulta que ahora es el protagonista de una serie televisiva de gran éxito, y no me extrañaría que incluso le dieran algún premio (si no se lo han dado ya); o que lo nominen como mejor actor revelación en los premios Goya cuando haga una película (si no la ha hecho ya).

Repito: el éxito es una cosa, y el talento, otra. Puedes conseguir el primero a pesar de carecer absolutamente del segundo, o bien tener el segundo, pero no alcanzar nunca el primero. Por eso, si lo que quieres es triunfar, no es imprescindible que desarrolles tus talentos. Si lo haces, mejor para ti, pues te sentirás íntimamente más satisfecho, pero no es condición necesaria. Ni mucho menos suficiente.

Siempre he pensado que el éxito social, e incluso algunas veces el profesional, es un estado superficial, una simple consecuencia de hacer algo vistoso. El éxito real está en uno mismo. A menudo la gente me ubica en un lugar extraño cuando me habla porque me considera una persona de éxito, y eso me molesta. Recuerdo, cuando hice la primera edición de *OT*, que mis padres respiraron tranquilos porque había «conseguido el éxito». ¡Incluso me trataban distinto! Por eso los senté un día y les expliqué que yo seguía siendo el mismo y que tenía mucho camino por delante; que el hecho de que la gente los felicitara por ser mis padres no significaba nada. Yo seguía siendo el mismo chaval de veintisiete años con muchos proyectos por realizar, con mis miedos y una profesión aún por construir. Mi éxito personal y profesional aún estaba bastante lejos. Y es que ser una persona de éxito no significa nada, no tiene ningún valor para con los demás. Puede ser útil a título personal, pues a lo mejor te hace sentir más realizado (si ha habido un esfuerzo para conseguirlo, claro) y mejor contigo mismo (por lo tanto más feliz). Pero ya.

Si me presentaran a alguien diciendo «Te presento a Fulanito, una persona de éxito» no cambiaría en nada mi percepción de esa persona. No me parece ni un defecto ni una virtud, ni por supuesto algo que yo vaya a tener en cuenta. Es cierto que si esa persona ha tenido éxito en algo puede que sea trabajadora, exigente consigo misma y con los demás (eso sí son virtudes que valoro en alguien), pero también puede que, dado que vivimos en un país en el que el éxito no está ligado al talento, no tenga ninguna virtud, o que incluso haya desarrollado más de un defecto (por cierto, los mediocres que tienen éxito me dan mucho miedo, la verdad). En cualquier caso, esperaría a ver otros rasgos de esa persona antes de decidir si me cae bien o no.

Tener éxito es como ser simpático: no significa nada. Es cierto que es más agradable coincidir en un ascensor con alguien simpático, pues te hará el trayecto más entretenido, ¡pero de ahí a ser amigos...! He conocido a grandes hijos de puta que eran muy simpáticos, así que ya hace tiempo que dejaron de seducirme la simpatía o el éxito de las personas. Son características que no significan nada, que no tienen ningún valor para mí. Quizá, si no has conocido a ningún mediocre con éxito ni a ningún simpático hijo de puta no estarás de acuerdo conmigo, pero vete con cuidado: ¡pueden estar en cualquier parte! ¡Uuuuuuhhh, qué miedo! ¡Uuuuuuhhhhh!

P. D.: Como siempre dice mi amiga Liliana: no te fíes, que los asesinos siempre saludan con una sonrisa.

CARA DE POLLO

Uno de los grandes problemas con los que me encuentro en el ámbito profesional es que, como he salido en la tele disfrazado de pollo, mucha gente considera (erróneamente, por supuesto) que ya no puedo hacer según qué trabajos, como por ejemplo dirigir obras de teatro «serias».

Hace poco tuve una conversación con un productor de teatro con el que llevo ocho años trabajando y que me conoce bien. Sabe que soy una persona comprometida con lo que hago y un buen profesional (está mal que yo lo diga y blablablá, pero creo que lo soy). En una de nuestras negociaciones sobre proyectos futuros como director de teatro, le propuse el siguiente pacto: «Yo te dirijo esta obra, tal como me pides, pero te propongo otra que quiero hacer». Él me ofrecía un espectáculo de teatro familiar, mientras que yo le hablaba de un texto más serio y para un público menos familiar.

Tal vez, estimado lector, estimada lectora, pienses: «¿Y no le bastaba con una obra?». Pues por desgracia no, porque he descubierto que para ser valorado no es suficiente con hacer bien tu trabajo, sino que además te tienes que crear un prestigio de cara a los demás. Y no es que hacer teatro familiar sea fácil, ni mucho menos. De hecho, adaptar al teatro un libro de éxito como *Gerónimo Stilton* es complicado. Además, el público infantil es muy exigente, sobre todo porque es muy sincero, al contrario que algunos adultos. Recuerdo haber ido a ver una obra «seria» y «de prestigio» y estar sentado al lado de una señora que si no miró el reloj catorce veces no lo miró ninguna. Estaba claro que se estaba aburriendo más que yo delante de una pecera. Pero, ¡oh, sorpresa!, al terminar la obra se giró hacia su marido y le dijo: «Pues no está mal, ¿no?».

¡¡¡¡¡¡¡¡¿¿¿Perdón???!!!!!!!!! Pero si ha mirado su reloj ¡catorce veces! ¿Por qué aquella señora no podía decir que lo que acababa de ver era una auténtica porquería (como diría la gran Manuela Trasobares)? Pues porque diciéndolo se hubiera quitado «seriedad» y «prestigio» a ella misma, y eso a la gente no le gusta. La gente quiere sentirse importante (¡ya estamos otra vez con el maldito estatus de los cojones!). Y algunos listos que saben eso, a menudo sin mucha exigencia a la hora de trabajar, escogen obras de prestigio que saben que no rechazarán los espectadores miedicas que también quieren sentirse «prestigiosos». Ésta es la hipocresía que no tienen los pequeños.

Cuando le hice la propuesta a aquel productor del que casi me olvido después de una página, mi plan era hacer bien mi trabajo, como siempre, pero con una obra diferente de las que me suelen proponer (comedia, vodevil, musical, familiar, etcétera). Quería crearme un prestigio como director de teatro. Sin embargo, la respuesta del productor fue «no». Me dijo que él creía que yo era bueno, pero que no se arriesgaba a darme una obra que en manos de un director de prestigio (prestigio que yo no tengo) probablemente tendría más éxito. «Puede que lo haga peor que tú —dijo—, pero si la diriges tú no tendrá la misma lectura por parte de la prensa y del público. Y es que, Àngel, un día tomaste la decisión de salir por la tele vestido de pollo y eso...». Al oír su respuesta se me quedó otra vez cara de pollo. Y esta vez no llevaba disfraz.

Hay quien todavía no entiende que las personas tenemos muchas caras, dependiendo de con quién estamos y qué hacemos. Y que, sea cual sea el trabajo que nos encomienden, si somos buenos profesionales, intentaremos hacerlo lo mejor posible, incluso si alguien no lo valora o no lo ve bien. Como ha hecho, entre otros, Boris Izaguirre, que se bajó los pantalones en televisión y luego escribió una novela finalista del Premio Planeta; o como José Corbacho, que igual se tira a una piscina vestido con un traje de aspirinas efervescentes que dirige excelentes largometrajes como *Tapas* y *Cobardes*; o como Emma Thompson, que fue capaz de aparecer con la misma solvencia en *Junior* (aquella película absurda en la que Arnold Schwarzenegger se quedaba embarazado) que en la ceremonia de los Oscar cuando recogió el premio al mejor guión adaptado por *Sentido y sensibilidad*.

El tema es: si a Einstein lo vistes de pollo, ¿deja de ser Einstein? Y no es que me compare con Einstein, ¡eh! Aunque yo también tengo mi teoría de la Relativización... ¿O era de la Relatividad? Bueno, todo es relativo, ¿no?

P. D.: Por cierto, si algún día me dan un Óscar (quién sabe), subiré a recogerlo disfrazado de pollo.

EL IDIOTA DE LA TELE

Sí, ése soy yo: el idiota de la tele. Ésa es la imagen que algunas personas (no muchas, ¡qué suerte la mía!) tienen de mí cuando me ven por televisión. Decenas de veces me he encontrado con gente que me ha dicho después de conocerme: «Pues no eres tan idiota como parecías». Incluso una vez un periodista escribió un artículo en un dominical de un periódico titulado «Que vienen los idiotas» con mi foto a todo color. Ahí sí que se me quedó cara de idiota...

Es verdad que tengo un comportamiento televisivo que puede parecer alocado y a veces frívolo, pero todo tiene una explicación. Seguramente tú, que tienes este libro en las manos, debes recordar las clases divertidas, y para algunos sin sentido (pero lo tenía) que daba a mis alumnos en *OT*. Soy ese chico que les hacía cantar atados a una silla, con los ojos vendados, pegándose con cojines, con la boca llena de bolas de papel, encima de unos patines, colgados de una barandilla, dentro de un *jacuzzi*, mirando fotos de sus seres queridos, etcétera. Todo esto, a parte de formar parte de un *show* televisivo (el espectador nunca se puede aburrir) era muy útil para los alumnos. Y te diré por qué: porque no basta sólo con cantar bien, también hay que «contar» bien.

Un intérprete tiene que llegar al alma del espectador y eso sólo lo consigue si es capaz de transmitir bien las emociones. Haciendo aquello diseccionaba la canción en el plano emocional, filtraba todo lo que había en la canción y así, una vez el intérprete tenía claro lo que quería explicar, podía explicarlo bien. Por ejemplo, en una balada de amor tenía que crear todo un universo que conectara con el espectador. Y para eso, tenía que preguntarse:

- Desde dónde canto la canción: ¿Sigo enamorado o no? ¿Hay rencor, indiferencia? ¿Me siento fuerte? ¿Creo en ese amor? Cuantas más preguntas se haga y responda, mejor, porque eso lo hará más concreto y por lo tanto más real.
- Qué quiero transmitir o qué quiero provocar en el espectador: ¿Quiero dar pena, transmitir esperanza, conmover, divertir...?

Una vez que tenemos claro por qué cantamos la canción, trabajaremos para que se vea todo lo que queremos mostrar. Y de ahí mis ejercicios, a veces (lo reconozco) un poco surrealistas. Si queremos transmitir rencor, cantaremos la canción rompiendo unas fotos con toda la rabia y dejaremos que esa rabia esté en la voz. En la voz está todo: ésa es la «verdad de la voz» de la que a menudo hablo. En realidad, me refiero a la riqueza de emociones que puede abarcar la voz.

Una vez que hemos trabajado la rabia, el sentimiento queda ahí, y sólo hay que confiar en la memoria emocional y física. Si le queremos añadir una pizca de ternura, pues cantaremos la balada mirando una foto de nuestro sobrino pequeño, por ejemplo. Eso modificará nuestra voz. Y sumará. Si también le queremos añadir fuerza y lucha por el objeto de amor, pues cantaremos la canción dándonos con cojines para obtener esa fuerza vocal. Eso modificará nuestra voz. Y sumará. Y así hasta encontrar todas las respuestas que buscamos. Todo se irá almacenando en nuestro cuerpo y cerebro, y acabaremos cantando la canción con un gran abanico de matices en nuestra voz, que hará que esa interpretación sea real y única. Sin duda, acabaremos emocionando al espectador (recuerda: ¡el espectador nunca se puede aburrir!).

Tendríamos que ser capaces de hacer esto mismo en nuestra vida diaria, en nuestras conversaciones más o menos profundas con los demás. Así conseguiríamos controlar la imagen que damos; pero claro, para ser honestos tendríamos que ser fieles a nuestra verdad, pues sólo en la verdad encontraremos el cariño de los demás.

También en el programa *Tú sí que vales* daba a veces, conscientemente, una imagen de chico alocado. Una señora me dijo hace poco: «Cuando veo esas caras que pones en la tele siempre pienso: este chico, o es muy listo o es muy tonto (espero que acabe pensando lo primero), pero lo que sí tengo claro es que me voy a reír contigo...». ¡¡Uuuff!! Siempre lo hago para que la persona que viene a mostrarnos su talento se sienta acompañada. Ponerte delante de alguien y esperar a que te diga qué le parece tu actuación te pone en una situación muy vulnerable. Por eso nunca he estado de acuerdo con los jueces duros y sin compasión que lo único que piensan es en ellos y en su repercusión televisiva. Se puede «utilizar» al que tienes delante para «hacer televisión» y juntos entretener al espectador (¡el espectador nunca se puede aburrir!), pero siempre a partir de una especie de acuerdo tácito con el concursante en cuestión. Lo que no defenderé nunca es eso tan feo y ruin de destrozar a una persona que viene a la televisión a mostrar su talento sólo para salpicar sangre, pues eso no es hacer televisión con los demás, sino a costa de los demás. Eso sí es de idiotas. Destruir a los demás sí que es de idiotas. Construir y entretener no lo es.

P. D.: Pues después de escribir este capítulo y reflexionar me doy cuenta de que igual no soy tan idiota como algunos me pintan. Claro, todo depende de los ojos que te miran. En cualquier caso, recuerda: ¡el espectador nunca se puede aburrir!

ME PONES OTRA, POR FAVOR

Nos empeñamos en adquirir conocimientos y convertirnos en personas cultas, pero la sabiduría no siempre está relacionada con la cultura. Desde luego, la cultura te puede proporcionar muchas satisfacciones (y mucho tema de conversación para sobremesas interesantes), pero no es imprescindible saber quién pintó tal cuadro o compuso tal sinfonía. Las personas más sabias son a menudo las que menos saben, valga la paradoja. Y con esto no te estoy diciendo que no te culturices, ¡no te equivoques! De hecho, la cultura es, después del sexo, el mayor alimento del alma.

Lo que quiero decir es que una persona es sabia si disfruta de las cosas que vive, si las siente. Lo importante, tanto si vas a ver una película de arte y ensayo como la última de vampiros y hombres lobos, es saber si te hace sentir algo, si te impacta o no, si te hace aprender o no. No importa que no te sepas la filmografía del director, ni siquiera es imprescindible que recuerdes el título de la película. Eso son datos. Y la vida no son datos. La vida son impresiones, sensaciones, emociones.

Hace un tiempo me llamaron de un canal autonómico porque le dedicaban un homenaje a Rosa de España, para mí una de las personas con más verdad en la voz cantada, y una de las que más me emocionó durante las clases que impartí en la Academia de *Operación Triunfo*. Su expresividad era tan potente que cuando cantaba, yo me quedaba como un pollito (¡y ella me llamaba Calimero!). Empequeñecía frente a su inteligencia vocal, como cuando estás frente a la inmensidad de la naturaleza, contemplando el mar o un firmamento lleno de estrellas.

El caso es que en mi intervención para aquel canal dije: «Rosa es una de las personas más inteligentes que he conocido nunca. Tiene una inteligencia al cantar que pocas veces he visto». Y ella, quitándose importancia, dijo: «Àngel ha dicho inteligente al cantar, porque...». Esa modestia y capacidad de reírse de sí misma la hacen, para mí, doblemente inteligente.

Me subleva que se confunda la inteligencia con la cultura. No creo que haya que valorar a la gente por lo que sabe, sino por cómo lo sabe. Rosa de España a lo mejor no sabe según qué, entre otras cosas porque ha vivido parte de su vida rodeada de pollos asados, pero tiene una sabiduría natural. Como esos señores que a veces te encuentras en un pueblo pequeñito regentando una tienda de embutidos o un colmado: no han estudiado una carrera, y a lo mejor ni siquiera han salido del pueblo, pero son sabios. O como esos hombres solitarios perpetuamente acodados en la barra de un bar, que siempre piden otra copa y que causan el desprecio o la hilaridad de los jóvenes que pasan por allí. Hasta que un día mantienen una conversación con él, una conversación que quizá recordarán durante mucho tiempo, y se dan cuenta de que es un tipo realmente lúcido. Lo cual no impide que al cabo de un rato se vuelvan a ir y lo dejen en la barra del bar con su soledad y sus verdades. Son hombres lúcidos que se quedan solos por culpa del miedo de los necios (¡hay unos cuantos!). A menudo pienso que acabaré como uno de esos tipos.

P. D.: Te daré un dato: «Emma Thompson ganó el Óscar al mejor guión adaptado en 1995 por *Sentido y sensibilidad*». Bien, ahora que lo sabes, ¿dirías que eres más listo?

SIÉNTATE EN MI REGAZO

Uno tiene que decidir en qué se implica y en qué no, y tener muy claro en qué se ha implicado y en qué no. Para aquellos que buscan la felicidad, que creo que somos casi todos, esto es muy importante, pues la felicidad está directamente relacionada con la implicación personal. Cuando te propongas algo, ya sea a título personal o profesional, y tengas éxito, sólo lo considerarás un verdadero éxito si tu implicación ha sido absoluta.

La implicación, según mi punto de vista, se mide con dos parámetros: las ganas que uno pone y el tiempo que invierte. Yo he hecho mucha televisión, por ejemplo, y eso me ha dado popularidad, pero me he implicado poco en eso. No es que no le haya puesto ganas a los proyectos televisivos en los que he participado (si me has visto por la tele sabes de sobra que las pongo todas), sino que les he dedicado menos tiempo. Salvo a *OT*, claro, pues casi vivía en la Academia, más en concreto en el Apartamento de la Academia (nunca vinieron a visitarme Jack Lemmon ni Shirley MacLaine, muy a mi pesar). Aquél era mi lugar de reposo fuera de las cámaras, el rincón donde dormía las noches que no me quedaban fuerzas para irme a casa. Y el sitio donde los profes nos tomábamos algún *gin-tonic* después de ver a los chicos cantar en las galas.

En general, mi mayor implicación la he reservado para el teatro. En el teatro es donde he invertido más tiempo y ganas, y es por eso que mis mayores satisfacciones siempre me las ha dado el teatro. En el teatro he sufrido, he llorado, he disfrutado, me he conmovido, me he ilusionado, me he enamorado, he fracasado, he triunfado, he vivido... He sido feliz.

Cuando alguien me para por la calle y me felicita por alguna actuación que ha visto en la televisión o por alguna cosa que he dicho en algún programa me alegra la mañana (siempre gusta gustar). En cambio, si alguien me para y me felicita por algún proyecto de teatro, ¡me alegra el mes! No es que mi felicidad o satisfacción vengan del masaje del ego que me hace la persona en cuestión, sino del hecho de que he conseguido mi objetivo: emocionar.

Cuando me preguntan por qué me dedico al teatro, con lo miserable que es ese trabajo (que lo es), yo siempre respondo que lo hago para conseguir que el espectador se sienta en su butaca como un niño pequeño. Uno de los mayores placeres de la vida que yo recuerdo es la sensación que experimentaba cuando un mayor decidía contarme un cuento. El ritual era maravilloso. Me precipitaba hacia la estantería de mi habitación a buscar el libro que quería que me leyeran y corriendo por la casa me lanzaba, libro en mano, a los brazos de aquel ser benevolente que había decidido, sin decirlo, dedicarse a hacerme feliz durante un ratito (ratito para mí siempre insuficiente). Me sentaba yo en su regazo y, dejando que me envolviera con sus brazos y sostuviera el libro frente a mí, me abandonaba a aquella sensación de bienestar. No era tan importante el cuento como el microuniverso de fantasía que allí se creaba. ¡Es tan gustoso cuando alguien te hace feliz! Es básicamente debido a ese recuerdo por lo que me dedico al teatro. Es una manera de devolver esa experiencia tan agradable que yo experimentaba cuando era un niño. Si alguna vez he conseguido que un espectador sentado en una butaca experimente esa misma sensación, la de estar rodeado por los brazos de alguien (en este caso por mí, que ya empiezo a ser mayor), eso me ha hecho feliz.

P. D.: En la televisión me gusta entretener y en el teatro, además, emocionar. Pueden parecer dos objetivos distintos, pero tienen un nexo común, mi intención, que siempre es la misma: hacer feliz al que decide compartir ese ratito de su vida conmigo (como lo estás haciendo tú ahora). Y claro, para hacer feliz a alguien se necesita implicación.

PERSONALIDAD

EL ABRIGO DE *MATRIX*

Durante mis primeros años como actor trabajé con buenos directores y me dieron algunos premios, así que en mi casa empezaron a estar tranquilos con el futuro del chico, que al parecer era un buen actor. Y entonces, en noviembre de 2001, llegó *Operación Triunfo*. Normalmente no me fijo en las fechas ni sé cuántos años hace de tal cosa o tal otra. Pero eso sí lo recuerdo. Fue algo que, sin duda, cambió mi vida. Tenía veintisiete años.

Operación Triunfo recogió algo del camino que había abierto poco antes *Gran Hermano*, que supuso una revolución en el mundo de la comunicación. Recuerdo que cuando se cerró por primera vez la puerta de la casa y Mercedes Milá dijo aquello de «empieza la vida en directo» se me puso la piel de gallina. Me apasionaba el concepto, y me peleaba con todo el mundo porque lo defendía ardientemente. Más allá del *show*, lo que me interesaba era ver cómo se iba formando a pequeña escala una sociedad: cómo se relacionaban, cómo de agrupaban o separaban, cómo dividían el trabajo y se creaban roles y dinámicas, etcétera. Eso sí, sólo vi la primera edición, luego se hizo repetitivo y algunas veces aburrido. Ahora siempre es lo mismo: la primera semana todos son felices; la segunda, se crean dos grupos; la tercera, se forman parejas; la cuarta, se dedican al *edredoning*; y después empiezan a echar a los que te gustan y dejas de verlo.

Lo que sabe poca gente es que yo mismo creé mi propio puesto de trabajo como profesor de *OT*. No existía la figura del profesor de interpretación y fui yo quien propuso crearla. Estaba un día en el sofá de mi casa mirando la segunda gala de la primera edición de *OT* y de golpe empecé a gritar a mis compañeros de piso de aquel entonces que aquellos chicos no sabían lo que estaban cantando. Que sí, que algunos cantaban muy bien, pero que a parte de cantar también tenían que contar. Cantar canciones para contar cosas. Yo iba gritando por la casa: «¡Me necesitan! ¡Me necesitan!». Y mis compañeros me miraban entre risas, seguramente pensando que había perdido el juicio una vez más...

Me armé de valor y, empujado por la fructífera inconsciencia juvenil, al día siguiente me puse un abrigo de cuero negro hasta los pies tipo *Matrix* (era noviembre y yo consideraba que me quedaba bien; como nunca me miro en los espejos...) y me presenté en el polígono industrial del extrarradio de Barcelona donde tenían encerrados a aquellos chicos y chicas aprendices de cantantes. Por aquel entonces el programa no era el *boom* en que luego se convirtió. No iba, pues, a buscar la fama (¡maldita palabra!). Mi intención era ser útil en algo en lo que yo creía que podía serlo.

Recuerdo perfectamente que todo el equipo de dirección y producción me miró de arriba abajo (seguramente se fijaron en mi abrigo de Neo) con cara de «qué hace aquí este pobre chaval vestido así, como si fuera el Elegido». Pedí por favor hablar con la que por aquel entonces era la directora de la Academia y le pedí que me dejara pasar y dar alguna clase a uno de sus alumnos. Aquel momento fue para mí como lo de Morpheo y sus dos pastillas: si me daba la azul, me volvía a mi casa; si me daba la roja, entraba en *Matrix*. Y me dio la roja. Es decir, accedió buenamente a dejarme hacer lo que le proponía (influyó el hecho de que me había visto alguna vez en el escenario de algún teatro).

Así que me pusieron un micro y me metieron en aquel búnker lleno de cámaras por todos lados. Me tocó darle clases a una peluquera que aspiraba a ser cantante. Yo sabía que ahí me lo jugaba todo. Sabía que los «jefes» estaban mirando con lupa los monitores desde su despacho. Empecé a dar mi clase de interpretación y en seguida me di cuenta de que quizás era útil, pero aburrido (las clases de interpretación nunca han sido muy divertidas). La directora se iba paseando por allí, pero no me decía nada de los «jefes». La peluquera tampoco entendía muy bien lo que yo le intentaba explicar. Parecía que todo se iba a ir al traste cuando de pronto la pastilla roja hizo su efecto y de mi boca salió una perla de gran calibre: «¡Canta con el coño!». Dos minutos después entró la directora en mi aula y me dijo de parte de los «jefes»: «No hace falta que vuelvas a ser tan soez... pero estás contratado». ¡Yeeeeeeaaaaah! Ahí empecé como profesor televisivo de interpretación para acabar al cabo de los años dirigiendo la Academia de *Operación Triunfo*. No sé si el abrigo de *Matrix* tuvo algo que ver, pero sin duda fui el Elegido.

P. D.: ¡¡¡¡Atréeeevete!!!!

WOODY LLÀCER

Aunque pueda ser lanzado y descarado, tengo mis miedos, como cualquier hijo de vecino. Por ejemplo, me horroriza ponerme enfermo. Soy radicalmente hipocondríaco. Si hubiera tenido todas las enfermedades que en algún momento he creído tener, me habría muerto ya media docena de veces, como mínimo. Cuando creo que tengo algo, me obsesiono. Y entonces voy a hacerme unos análisis. La familia y los amigos ya me conocen. Cuando me vuelven a ver, me preguntan con sorna: «¿Qué tal los análisis?». Y yo contesto: «Nada, estoy bien, tendré que buscarme otra cosa».

Me han operado varias veces de problemas en las vísceras (debe ser que soy muy visceral). Y es que siempre he tenido problemas de barriga, no sé si de los nervios o de colon irritable o de lo que sea. De hecho, me libré de la mili porque me diagnosticaron una colitis ulcerosa, que es una enfermedad crónica, pero después de tomar una medicación y hacer una dieta desapareció, oh milagro.

Me inclino a pensar que es por los nervios. Soy una persona aparentemente tranquila, pero lo que pasa en realidad es que cuando estoy nervioso no lo parece. No lo exteriorizo. Puedo estar histérico y, sin embargo, alguien que me vea puede pensar: «Este tío se está durmiendo». Los nervios me producen una especie de laxitud, mi cuerpo se relaja, como si fuera una especie de defensa.

Hay pocas enfermedades que no haya sospechado en algún momento que me están afectando. Ahora, por ejemplo, está muy de moda una que llaman «sensibilidad química múltiple» (SQM para los entendidos). Pues bien, yo la tuve mucho antes de que estuviera de moda (bueno, creí tenerla, claro). Lo peor que me puede pasar es que caiga en mis manos una noticia sobre enfermedades raras. Y si encima enumera los síntomas, estoy perdido. Por ejemplo, empiezo a leer algo así como:

> La dermatitis vírica ulcerosa de Kromh es una rara dolencia que afecta a una de cada cien mil personas... (aquí yo ya estoy seguro de que yo soy una de ellas)
>
> ... que se manifiesta inicialmente con picores generalizados... (aquí empiezo a sentir un cosquilleo incómodo por todo el cuerpo)
>
> ... visión borrosa y fiebre alta... (aquí ya me he puesto el termómetro que siempre llevo en el bolsillo)
>
> ... y que se caracteriza por la aparición de unas manchas rosáceas en la espalda... (aquí ya estoy en el baño contoneándome delante del espejo para verme la espalda)
>
> ... que al cabo de unas horas se convierten en llagas... (¡sudor frío!)
>
> ... que laceran drásticamente la piel y se extienden por el resto del cuerpo... (¡aaaaaaaaahhhhhhhhhhhh!)
>
> ... hasta provocar un fallo cardíaco fulminante» (¡¡¡¡mamáaaaaaaaaaaaaa!!!!).

Uf, espera que coja aire, que he pasado un mal rato sólo de pensarlo...

Bueno, y ahora dirás: «¿Por qué me explica esto Llàcer?». Pues, la verdad, no lo sé. He empezado a escribir y, ya sabes, una cosa lleva a la otra y blablablá. Pero bueno, así nos conocemos mejor, que eso siempre va bien, ¿verdad?

P. D.: Por cierto, estoy empezando a ver las letras borrosas. No será que...

EL CHICO DE LAS GAFAS

Es curioso cómo a veces se entremezclan realidad y ficción. Si me has visto en televisión o por internet (¡o incluso en la portada de este libro!), verás que uso gafas. Mi imagen pública, desde hace años, es una cara risueña con unas gafas (unas diferentes cada vez, porque tengo un montón). Pues bien, voy a confesarte una cosa: ¡no necesito gafas! ¡Veo perfectamente! Lo que pasa es que cuando empecé en televisión pensé que sería bueno para mi personaje (que curiosamente se llama igual que yo, jeje). Pensé, inocente de mí, que eso me daría una imagen más seria de cara a los televidentes. ¡Jaaaaaaaa! Nunca he sido un tío serio, televisivamente hablando. De hecho, las gafas me llevaron a construir ese *otroyó* alocado e histriónico. Luego empezaron a regalarme gafas y me quedé como «el chico de las gafas».

Es muy triste para mi autoestima que la gente no sepa a veces mi nombre y en cambio reconozca rápidamente al «chico de las gafas». Eso me asusta un poco, porque me doy cuenta de que es así como me conocen y como me quieren conocer (aunque no todos, por suerte). Me he convertido en eso con los años, y muchas veces me pregunto si la gente se da cuenta de que detrás de esas gafas hay alguien que no lleva gafas. Además, no sé si eso es bueno para mi vida profesional televisiva. Ahora siguen necesitando a un chico divertido con gafas que haga locuras y eso me da trabajo, pero ¿y cuando lo dejen de necesitar?

Muchas veces pienso en Rowan Atkinson. Mucha gente no sabe su nombre porque lo conocen, simplemente, como Mr. Bean. Es un gran actor, pero lo recordamos siempre por su personaje. No nos planteamos si es un actor versátil que sabe interpretar muchos personajes diferentes ni estamos dispuestos a invertir tiempo en descubrirlo. Simplemente nos gusta Mr. Bean (a mí también) y nos da igual si sabe hacer otras cosas igual de bien o mejor.

Ahora tengo muchos pares de gafas diferentes, pero son parte de mi atrezo. Un atrezo extremadamente útil, tanto cuando quiero darme a conocer como el chico que sale en la tele como cuando quiero pasar inadvertido, pues me basta con quitármelas y presentarme como realmente soy. Cuando hago mi vida sin gafas, la gente apenas me reconoce y me siento libre de nuevo, porque sin la mirada constante de la gente puedo hacer lo que me venga en gana sin que nadie me juzgue. Y es que la gente tiene la manía de juzgar a los que salimos por la tele incluso cuando hacemos lo mismo que hacen todos los mortales. ¿Cuántas veces habré escuchado la frase: «¡El otro día vi al de la tele de las gafas que estaba en una disco borracho como una cuba!»? Siempre juzgándote con ese tono demoledor y mandándote al infierno por haber bebido un par o tres de *gin-tonics*... ¡Pero si todo el mundo en esa disco iba igual o más borracho que yo! Los hay que incluso se frotan las manos al día siguiente, mientras pasan su propia resaca, criticando mi jolgorio.

Es curioso cómo unas simples gafas pueden convertirse en un escudo tremendamente poderoso, tanto cuando me las pongo como cuando me las quito. Cuando me las pongo sé perfectamente cómo tengo que actuar, sé lo que se espera de mí. Sé que tengo que ser ese chico gritón y un tanto alocado. Sé también que no puedo ser yo del todo, pero las gafas me protegen de la pequeña traición que me hago a mí mismo siendo como soy en la tele. Y cuando me las quito me libero y sé que puedo hacer lo que quiera y ser como me plazca. Lo curioso del tema es que hay momentos en que no estoy seguro de si me tengo que poner gafas o no... O sea, se me confunde el espacio público con el privado. Y eso me inquieta un poco.

P. D.: Después de escribir esto me doy cuenta de que igual no debería llevar gafas en la portada de este libro... O sí. No sé. Igual sin gafas no me habrías reconocido y no te lo habrías comprado. Y, claro, te habrías perdido todo lo que hay detrás de las gafas.

ESTAMOS EMBARAZADOS

Durante mucho tiempo pasaba un par de fines de semana al año con un grupo de amigos en la casa de mi amigo Melchor en el Montnegre, cerca de Barcelona. En aquellos encuentros estaba prohibido llevar a las parejas, tanto fijas como pasajeras (es justo que sepas que esa prohibición la puse yo). Era agradable: reíamos, comíamos macarrones, recordábamos los códigos que nos unían y filosofábamos sobre cualquier cosa, pero lo hacíamos desde el alma, sin las interferencias que nos crea en el cerebro el enamoramiento. Era una forma de mantener la esencia de lo que cada uno era, esa forma de ser que todos tenemos y que a menudo se pierde cuando nos enamoramos y/o creamos una familia, pues tenemos que disfrazarnos de maridos, de padres, etcétera.

El enamoramiento, lo diré claramente, es una enfermedad. Es como una gripe: cuando pillas el virus sabes que tienes que pasar unos días en cama (sudando, claro...). Hagas lo que hagas, siempre dura un tiempo. Si tomas Enamoradol, dura una semana, y si no, siete días.

Uno se enamora cuando quiere y puede. Si te fijas, en *Gran Hermano* siempre se enamoran porque no tienen nada que hacer salvo mirarse unos a otros todo el día y tontear. Sin embargo, en ese otro programa, *Supervivientes*, nunca se enamoran (¡y mira que también han hecho ediciones!), y es porque no tienen tiempo para esas minucias. Bastante tienen con no morir abrasados por los mosquitos o por otros bichos. Una prueba más de esto es que la primera literatura amorosa de la historia se da en los palacios, entre los cortesanos y las cortesanas, los cuales, como resulta fácil imaginar, debían tener tanto trabajo como los chavales de *Gran Hermano*.

Hay personas que son de una manera cuando están con su pareja y de otra cuando están sin ella. Me hacen mucha gracia, por ejemplo, esos hombres que cuando su mujer está embarazada dicen: «Estamos embarazados» (y cuando él está resfriado, ella dice «estamos resfriados»). O sea, como si alguien les hubiera borrado del cerebro la primera persona del singular... No se puede perder la individualidad. ¡Un hombre no se puede quedar embarazado! Tengo algún amigo que cuando lo llamo y le pregunto «¿Qué haces?», me responde: «Estamos mirando una peli». ¡¿Perdón?! ¿Quién es «estamos»? Yo he preguntado en singular, así que responde bien a la pregunta que te he hecho. Por ejemplo: «Estoy con mi novia viendo una peli».

El caso es que sales a cenar con ellos y en los postres él comenta con voz delicada: «Voy a llevar a Laura a casa, que está cansada (que a lo mejor ella no está tan cansada, pero bueno). Ahora vuelvo». ¡Y cuando vuelve es un tío completamente diferente, que se quiere emborrachar y grita como un energúmeno y hace bromas guarras! Y yo pienso: «Pero, tío, ¿por qué no dejas que tu mujer te conozca y sepa cómo eres?».

Las parejas muchas veces se aguantan por el engaño. O sea, cuanto más engañas, más aguantas. Y es así porque está mal montado, claro, ya que lo mejor es conocer al otro y aceptarlo y respetarlo. Pero la realidad no es ésa: hay millones de parejas que conviven bajo el mismo techo y son auténticos desconocidos. Y luego pasan cosas como que se separan, y la mujer empieza a comportarse como una cabrona y el otro dice: «Pero ¿cómo se ha vuelto tan cabrona?», y en realidad ya era así antes, ¡lo que pasa es que estabas enamorado!

Está bien enamorarse, no digo que no, pero sin dejar que la enfermedad se extienda por todo el cuerpo. ¡Ah! Y no hay que tomar ninguna decisión bajo los efectos del enamoramiento, como casarse, irse a vivir juntos o tener un hijo. Es como si sufrieras enajenación mental transitoria. ¿Verdad que en este estado no eres totalmente responsable de tus acciones? Pues eso.

P. D.: Enamoradol está indicado para los síntomas del enamoramiento. Lea las instrucciones de este medicamento y consulte a su farmacéutico (pero no se enamore de él... ¡o sí!).

A, ANTE, BAJO, CABE, CON, CONTRA, DE, DESDE...

Cuando era un niño, mi madre me decía: «Àngel, con esa forma de ser tuya vas a tener muchos problemas en la vida». Y yo le preguntaba: «¿Por qué?». Y ella: «Porque dices siempre lo que piensas, y eso no es bueno». Evidentemente tenía razón, pero a pesar de los problemas que a veces me ha ocasionado mi forma de ser deslenguada y franca, estoy contento de ser como soy. Reconozco que tengo un carácter peculiar, y que a veces puedo parecer altivo o antipático, pero no me arrepiento de decir siempre lo que pienso, incluso cuando lo hago sin pensar (que es a menudo). Bueno, para ser totalmente sincero, alguna vez sí me he arrepentido de dar mi sincera opinión sin que nadie me la haya pedido, pero a lo hecho...

El caso es que acostumbro a decir lo que pienso. Soy así desde pequeñito, qué le voy a hacer. Incluso me encaraba con algunos profesores del Liceo Francés, que me deben recordar como el respondón de mi promoción. No todos, claro, porque algunos me adoraban. Lo que me molestaba enormemente (y aún me molesta) era la injusticia. Recuerdo una vez en que una profesora (a la que nunca dije lo que pensaba de ella: tuvo suerte de no preguntármelo) me hizo copiar cien veces la lista entera de las preposiciones por una cosa que no había hecho. Me dijo que así las aprendería para siempre, y que en el fondo lo hacía por mi bien. ¡Cínica mentirosa! Aquello era injusto, así que decidí no hacerlo. Y no lo hice.

Ten cuidado, porque mentir es muy fácil, y cuanto más mientas, menos credibilidad vas a tener. Además, los que mienten sólo generan mentira a su alrededor, o sea, una realidad sustentada en la mentira, y por lo tanto en la injusticia. Por desgracia, la verdad y la mentira han perdido valor en nuestra sociedad. Los medios de comunicación están llenos de mentiras, y ha llegado un momento en el que los que nos informamos no valoramos las noticias como verdades o mentiras. Cada vez más a menudo oigo el comentario: «No sé si esto es verdad o mentira, pero que más me da: ¡es superfuerte!». Estamos ya muy acostumbrados a los mentirosos profesionales, que se reproducen por todas partes y campan a sus anchas porque saben que lo importante no es ser fiel a la realidad, sino sorprender, destacar o escandalizar con su mensaje. Y es que, con este afán tan a la moda de «ser alguien», los listillos han descubierto que la mentira es un buen método para ocupar un lugar que ellos consideran destacado. Los hay en todos los ámbitos y profesiones: médicos matasanos, abogados sin compasión, periodistas poco rigurosos, políticos ambiciosos, actores sublimes (éstos son los únicos a los que se les pide que mientan bien).

Me resulta imposible hacer la vista gorda con estas cosas. Cuando sé que alguien miente, me sale el niño que fui y sin pensar suelto en voz alta: «¡Eso es mentira!». En realidad, es fácil detectar a un mentiroso, ¿verdad queridísimo lector, queridísima lectora? Claro que lo es. Pero muchas veces, por reparo o por vergüenza ajena, no los desenmascaramos y los dejamos seguir con sus mentiras. Te propongo que no lo toleres más y grites ¡basta ya! La verdad acaba viendo la luz siempre, así que no pierdas más tiempo dejando que la gente diga mentiras y provoque injusticias. Eso sí, no confundas la sinceridad con la insolencia.

Por ejemplo, esas señoras que vienen y me sueltan: «Uy, qué gordito estás» o «en la tele sales más guapo» o «te imaginaba más alto», etcétera, no son sinceras, ¡son insolentes! ¿Acaso le he dicho yo, señora, que sus zapatos son horribles y que le queda fatal la falda? ¿Verdad que no? Pues eso.

Como te decía, yo he intentado siempre desenmascarar a los mentirosos, y esta forma de ser, por lo que he ido viendo a lo largo de mi vida, provoca que la gente te odie o te adore, sin términos medios. Lo cual ya me va bien, porque es mi manera de encontrar gente de verdad, de no equivocarme y de desenmascarar a los mentirosos. Prefiero caer mal a no caer. Dice la gente que me conoce, y creo que tienen razón, que suelo generar una de estas dos emociones: animadversión o enamoramiento. Y me gusta que sea así. Rara vez actúo para quedar bien, sino para sentirme bien. Digo lo que pienso, y de esa forma puedo caer mejor o peor, pero al menos soy coherente y tengo credibilidad. Eso no quiere decir que me crea mejor que otros: no hay que confundir franqueza con desprecio. Respeto a los demás, pero no puedo evitar decir lo que pienso de ellos. Y no lo hago para provocar o para generar un enfrentamiento, sino porque me sale así, natural. De hecho, no me gusta nada el enfrentamiento. Ni siquiera me enfrenté a mi profesora despiadada, lo único que hice fue negarme a aceptar una injusticia. Por cierto, no me hizo falta escribir cien veces las preposiciones para aprendérmelas de memoria.

P. D.: a, ante, bajo, cabe, con, contra, de, desde, en, entre, hacia, hasta, para, por, según, sin, so, sobre, tras.

EGO, LUEGO EXISTO

Más que yo, a mí mismo no me quiere nadie. Bueno, excepto mi madre; pero las madres quieren incondicionalmente y de una manera a veces irracional. Algunas madres llevan esa irracionalidad a un extremo peligroso. Cuántas veces hemos oído frases como: «Mi niño es un fenómeno con el balón, llegará lejos», «Qué guapa es mi niña, podría ser modelo» o «Qué bien canta mi niño, qué talento tiene»... Entonces aparece el síndrome de la madre del artista, esa que acude con su prole a los *castings* publicitarios, agencias de modelos, escuelas deportivas o pruebas de selección de programas «de talentos».

El 99,99 % de esos niños y niñas nunca llegará a ser ni Lionel Messi ni Claudia Schiffer (ni David Bisbal, pues Bisbal sólo hay uno ¡¡coño!!). Y, además, corren el riesgo de vivir frustrados por el excesivo ego maternal. Por eso, las madres que vierten sus talentos frustrados en sus hijos siempre me han parecido muy peligrosas. Son capaces de mantener a sus hijos pequeños despiertos a las dos de la madrugada sólo para que alguien con influencia artística los vea y quizá los contrate para algún *show* televisivo o teatral. ¡Pobres niños! He visto unos cuantos en esa situación y siempre me han dado lástima. Suelo decirles a sus madres, disfrazadas de Eve Harrington: «Estos niños deberían estar durmiendo».

Pero quiero seguir hablándote del «más que yo, a mí no me quiere nadie». Es algo que me repito constantemente. Muchos podrían tacharme de prepotente, narcisista, ególatra o presuntuoso, pero es que creo realmente que es así. El ego es consustancial a la naturaleza humana, y la adecuada gestión de ese ego es algo innato en los que saben cuidar de sí mismos. Es importante valorarse, quererse y cuidarse a uno mismo, diría más, es vital para afrontar la vida de cara, disfrutar de los éxitos sin emborracharse con ellos y saber afrontar los fracasos sin hundirse.

Para bien o para mal, sigo siendo el mismo ahora que salgo por la tele que cuando era un anónimo aprendiz de actor disfrazado de aviador en lo alto de una valla publicitaria. La diferencia es que ahora la gente me para por la calle y se hace fotos conmigo y antes me tiraba piedras. Antes no me creía menos que nadie ni ahora me creo superior. Siempre he tenido un buen concepto de mí mismo, sé lo que valgo y todo lo que puedo ofrecer. Y el hecho de saberlo es lo que me motiva a no desaprovecharlo, a usarlo bien.

Saber gestionar el ego es casi una cuestión de supervivencia. Y es que tan malo es tener un ego desmesurado como carecer de él. Ignorar el ego es sumirse en el pasotismo, el abandono, la dejadez o la pereza. Alguien sin ego es un ser pusilánime al que todo le da igual, pues no se quiere, no se valora, no se tiene en cuenta; es casi como si no existiera. Y pasarse de ego casi siempre desemboca en la maldad.

Hay que aliarse con los egos fuertes. Ésa ha sido siempre mi estrategia. Pero hay que saber cómo enfrentarse a un ego desmesurado. Uno tiene que medir sus palabras, sus movimientos, sus intervenciones, sus silencios... En resumen: gestionar tu propio ego es más fácil que gestionar el de aquellos que tienen un ego desmesurado.

Por lo general, los seres despiadados gestionan mal su ego. Usan sus cualidades, conocimientos o éxitos para hacer de menos a los demás, pues haciéndolos de menos se sienten superiores. ¡¿Superiores?! ¡VA, HOMBRE, VA! Ya conocéis mi opinión sobre los que usan el «usted no sabe con quién está hablando», ¿verdad? Yo les diría: pues sí, lo sé, estoy hablando con un imbécil que se cree más que nadie, que tiene un ego desmesurado y que vive rodeado de falsedad, pues para empezar se engaña a sí mismo.

P. D.: Billy Wilder dijo, en su famosa *Con faldas y a lo loco*: «Nadie es perfecto». Y yo añado: pero ¡¡todos somos estupendos!!

EMPATÍA

YO, MI, ME, CONMIGO

Detecto cuando alguien está mal porque de cada tres frases que pronuncia, dos empiezan por «yo» o «mi» o «me». «Yo no sé qué me pasa...», «me gustaría tener un poco más de...», etcétera. O sea, el primer síntoma de que alguien está mal es que no hace otra cosa que mirarse el ombligo. Les bastaría con dejar de mirárselo para empezar a estar bien, y tanto ellos como los que les rodean lo agradecerían un montón.

Creo profundamente en la importancia de dar. Es más, estoy convencido de que la gente más feliz es la que más da. Y, al contrario, los que siempre esperan recibir, viven instalados en la frustración. Son personas que le «exigen» a la vida, que se creen con derecho a recibir muchas cosas, y que no saben agradecer lo que tienen. Los reconocerás fácilmente: son los clásicos «quejicas pesaos».

Una vez, cuando era un chaval, me sentí deprimido y empecé a quejarme a todas horas y a todo el mundo. «Yo estoy mal, yo estoy muy mal», era la letanía que repetía a la familia y los amigos. Todas mis frases empezaban con «yo». De haber existido Twitter, seguro que habría creado el *hashtag* #yopobrecitoangel.

Me arrastraba lánguidamente de un lugar a otro con cara de estreñido (debía estarlo: siempre he tenido problemas para evacuar) y no hacía más que lamentarme de lo dura que era la vida para mí-yo-conmigo. Hasta que un día fui a visitar a un amigo y, mientras charlábamos en el sofá del salón, pasó por allí su madre y se quedó escuchando mis lamentaciones. No había pasado ni un minuto cuando me soltó:

—Àngel, el día que dejes de mirarte el ombligo se te pasarán todos los males.

Y dicho esto, siguió con sus tareas domésticas.

Yo me quedé planchado y avergonzado, así que dejé de quejarme inmediatamente. Al día siguiente, oh milagro, se me había pasado todo.

Desde aquello, he aprendido que no sirve de nada quejarse. Yo a veces me quejo de que me duele esto o lo otro, pero es que, como sabes, soy muy hipocondríaco (de hecho, creo que me voy a morir mañana). Lo hago más para ahuyentar mis temores que para llamar la atención. La queja que considero inútil es la que sólo busca convertirte en el centro de atención, y que todo el mundo te escuche y esté por ti y te acaricie la espalda y te diga «No te preocupes, todo va a ir bien». A las personas que utilizan la queja de esa manera les daría una colleja bien dada (o mejor dos). Primero, porque malgastan su tiempo, y el tiempo es, en realidad, lo único que tienen (aunque algunos parece que todavía no se han dado cuenta). Y segundo, más grave todavía, porque malgastan el tiempo y las energías de los demás, en especial de aquellos que supuestamente son sus seres queridos.

Hay auténticos profesionales de la queja, gente pesada que en cuanto le das un poco de cuerda te cuenta una retahíla de desgracias que hundiría en la miseria al campeón del mundo de optimismo; cenizos y cenizas que sólo ven la parte gris de la existencia y se revuelcan en ella como cerdos en el lodo; vampiros y vampiras que bajo una apariencia inofensiva te van chupando la energía vital sin que te des cuenta. Un consejo: ¡¡huye de eeeelloooooossssss!!

Yo fui al psicólogo cuando tenía dieciocho años por aquello de Esade que ya te he contado al principio (necesitaban un certificado conforme estaba loco, pues alguien cuerdo no podía dejar aquella carrera tan prometedora) y me pasé cuatro años hablando de mí-yo-conmigo. Hace poco hice un intento de volver, pero, a diferencia de entonces, he descubierto que ahora me resulta soporífero hablar de mí, y mucho más perder el tiempo quejándome de lo dura que fue mi infancia (que no lo fue) y la vida en general. Me abuuuuuuuurro. Así que no he vuelto.

Creo que los psicólogos, además de ayudar a la gente que realmente tiene problemas, cumplen una función social muy necesaria: aguantar, semana sí semana también, las quejas de los pesados y pesadas que sólo se miran el ombligo. Así, al menos, los demás podemos vivir tranquilos y dedicarnos a disfrutar sin temor a que nos roben el entusiasmo.

EL PRÍNCIPE Y LOS ESPEJOS

Érase una vez un príncipe muy apuesto que decidió que había llegado el momento de casarse. Su padre, que reinaba en el imperio más poderoso de la Tierra, envió emisarios a los otros reinos para facilitarle la tarea, de modo que empezaron a llegar al castillo hermosas princesas de todos los rincones del mundo. Algunas de ellas vinieron de tan lejos que tuvieron que viajar a lomos de caballos, camellos o elefantes durante meses.

Cada una se presentaba ante el príncipe con sus mejores galas, y la mayoría eran tan bellas que arrancaban exclamaciones de admiración cuando pasaban por entre los miembros de la corte. Pero a todas les encontraba el príncipe algún defecto. «Ésta es demasiado baja para mí», decía. O: «Aquélla es demasiado alta. ¡Voy a parecer un enano a su lado!». O bien: «Ésta es muy delgada, y es bueno para procrear que una mujer tenga buenas caderas». Y si le presentaban a una princesa de caderas anchas: «¡Por Dios, ni siquiera mi yegua tiene unas posaderas de tal calibre!». Aquellas a las que no lograba poner ninguna pega en la altura o en la anchura, eran descartadas por otros motivos: «Habla un idioma tan raro que jamás podremos entendernos». O: «Tiene la piel tan oscura que cuando camine a mi lado pensarán que es mi propia sombra». O incluso: «Ya tiene veinte años, es demasiado vieja para darme un heredero».

En fin, el caso es que pasaron por la corte decenas y decenas y decenas de candidatas, pero ninguna acababa de convencerle. El rey, que al principio se había mostrado comprensivo, acabó por impacientarse. No entendía qué estaba pasando, así que decidió acudir a su consejero mayor. «¿Podrías decirme tú, Éldelbar, que eres una persona sabia, qué debo hacer para que mi hijo encuentre una princesa a la altura de sus expectativas?». «Voz ya habéiz hecho lo que teníaiz que haced, majestad», respondió el consejero con su característica dicción. «Entonces, ¿debemos esperar a que acuda a la corte una princesa que no tenga ningún problema?», insistió el rey. «Laz princezaz no tienen ningún problema —replicó el "zabio"—. «Todaz zon bellízimaz y eztán totalmente dizpueztaz a daroz una dezcendencia zana que haga perdurar vueztra eztirpe.» «¿Entonces?», inquirió el monarca. «Entoncez, zi el problema no eztá en ellaz, debe eztar en él.»

(INCISO DEL AUTOR: A estas alturas del cuento, seguro que piensas: «Ya sé qué pasa: que al príncipe le van los príncipes, y no las princesitas». ¡Pues no, te has colado! No va por ahí la cosa. Sigue leyendo, sigue...).

El rey, siguiendo el consejo de su consejero (que para eso lo tenía), envió al príncipe a un torreón para que reflexionara con calma sobre lo que estaba sucediendo, y sobre todo para que pensara en una solución, pues el futuro del reino podía estar en peligro si no se sentaban las bases para que naciera un nuevo heredero.

Nada más instalarse en el torreón, el príncipe pidió un espejo para mirarse, pues no concebía que él pudiera tener algún problema, como había sugerido aquel consejero enteradillo. Le llevaron uno enorme, de cuerpo entero, y se miró. «Vaya, no estoy nada mal», se dijo. Así que ordenó que le trajeran algunos espejos más, pues quería mirarse desde todos los ángulos. De modo que los siervos fueron llevando nuevos espejos cada día y cubriendo con ellos las paredes del torreón. El guapo heredero no hacía otra cosa en todo el día que mirarse, ora en un espejo ora en otro, ora de frente ora de costado, y cada vez se gustaba más.

Llegó un punto en que las paredes y el techo de la estancia estuvieron completamente cubiertos de espejos, salvo un pequeño lucernario en un rincón por el que entraba un poco de luz. Obsesionado como estaba, pidió que también allí colocaran otro espejo. Y justo en el momento en que lo hicieron, se quedó totalmente a oscuras, rodeado de espejos... en los que no podía verse. El príncipe se asustó tanto al no ver nada que trató de huir corriendo por donde un día estuvo la puerta, pero no la encontró. Y cuenta la leyenda que, sumido en la oscuridad del torreón, nunca logró encontrar la salida. Y así fue como aquel reino, otrora próspero, entró en una imparable decadencia y acabó por desaparecer.

LA BODA DE LOS HIJOS DE PUTA

El otro día estaba en la recepción de un hotel con uno de mis mejores amigos y vimos que se celebraba allí una boda. Observé que sólo había tres mesas, así que medio en broma le dije a Marta, la recepcionista: «Seguro que ese tío es un hijo de puta». Ella me miró como diciéndome: «Hombre, Àngel, no me hagas hablar».

En esas, el novio vino hacia nosotros y saludó efusivamente a mi amigo. Empezaron a hablar como si se conocieran de toda la vida. Yo me aparté y seguí cuchicheando con Marta. Al cabo de un minuto, se dieron un gran abrazo y el novio regresó con los invitados. Cuando se hubo ido, le pregunté a mi amigo: «¿Quién es ese tío?». Y él contestó: «¿Ése? ¡Ése es un hijo de puta!».

Marta y yo nos reímos. Después me quedé mirando a los invitados, apenas una treintena, y me di cuenta de que todos tenían la misma cara de hijos de puta (seguro que alguno de ellos, de niño, fue de los que me tiraron piedras cuando hice aquel trabajo de valla humana para promocionar *Independence Day*). Y le dije: «Todos esos son unos hijos de puta. Los hijos de puta se buscan unos a otros y se juntan». Por suerte eran pocos, pero se les veía a una legua que todos formaban parte de un mismo club: el de los... ¡#hijosdeputa!

Tengo una teoría: la gente mala (y los llamo así por no repetir todo el rato lo de «hijos de puta», aunque, ahora que pienso, acabo de escribir otra vez «hijos de puta») tiende a juntarse con gente igualmente mala. Por la misma ley natural o moral, la gente buena también tiende a buscar a otra gente buena. Es cierto que hay gente buena que va a parar a manos de gente mala una y otra vez, como si tuvieran un imán o trataran de purgar alguna especie de culpa o de compensar su mal karma. No me refiero a los que tienen un mal jefe y deben aguantarlo porque en ello les va la supervivencia, sino a buenas personas que, no se sabe por qué, se quedan enganchadas a relaciones malsanas con malas personas (o sea, hijos de...) y no son capaces de desengancharse. Es algo que siempre me ha llamado la atención, supongo que porque no acabo de entender cómo no los envían a la mierda a la primera falta de respeto (¡no soporto las faltas de respeto!). Pero ya se sabe: los caminos del apego son inescrutables.

Toda la vida he tenido cierta obsesión por distinguir a la buena gente de la mala gente. Puede resultar muy simple, lo sé, pero es que a mí me gusta la gente buena. Supongo que porque me considero bueno. Soy incapaz de imaginarme haciendo daño a alguien de forma deliberada. No te diré que no he sentido odio, tampoco soy el Dalai Lama, pero lo cierto es que nunca me ha durado mucho, rápidamente he pasado a otra cosa. Y es que sentir odio te perjudica, pues te amargas la vida y a lo peor la otra persona ni se entera.

Lo que sí que hago con la mala gente, o con la gente que me cae mal, es apartarlos de mi vida. Los envío a un chárter imaginario con el que se van y no vuelven nunca jamás. Cruz y raya.

P. D.: Los Pinós (mi segundo apellido) somos todos así: muy buena gente, pero si nos tocan los cojones...

¿ESTÁ EL ENEMIGO? QUE SE PONGA

P. D.: Iba a escribir sobre cómo gestionar la relación con los enemigos (esas personas que aunque se diga que tienes que mantenerlas cerca, yo creo que cuanto más lejos, mejor) y esto es lo que me ha salido. No perdamos tiempo (ni tú ni yo) con ellos. Hay cosas más interesantes de las que hablar, como las del siguiente capítulo.

A QUE NO SABES A QUIÉN ME ESTOY...

La vida no es vida si no la compartes. El otro día oí cómo Eduard Punset explicaba que la soledad está empezando a ser considerada una enfermedad con entidad propia. Y no me extraña, la verdad. Cada día hay más gente que se siente sola. Y en buena medida es porque no saben compartir.

En ese mismo programa de Punset, una escaladora explicaba su experiencia de subir a una montaña con un grupo. Contaba que, tras una ascensión durísima, cuando le faltaban apenas doscientos metros vio que uno de sus compañeros ya había llegado. Siguió ascendiendo lentamente y mirando de vez en cuando hacia la cima. Le extrañó que su compañero no se moviera. En montañismo, lo aconsejable en estos casos es llegar a la cima y bajar inmediatamente, pues las condiciones en lo alto suelen ser muy extremas. Ella siguió, hasta que, después de un enorme esfuerzo, logró coronar la cima. Allí estaba su compañero, que se abrazó a ella y le dijo: «Lo hemos conseguido». Y es que ¡estaba esperándola! Y la esperaba porque, aunque estuviera en la cima, para él no había éxito si no podía compartirlo con ella. Su filosofía, que comparto totalmente, era: por muy alto que llegues, si no lo haces acompañado es como si no hubieras llegado.

Esto de compartir me recuerda aquel chiste... Dice que cae el diluvio universal y sólo quedan en el mundo dos personas, un español bajito llamado Antonio y la modelo Claudia Schiffer. Al principio, la alemana ignora al españolito y trata de buscar desesperadamente más supervivientes, pero al final las ganas aprietan y acaba montándoselo con él. Al día siguiente repiten, y para Antonio es tan increíble que le parece estar en el paraíso. Pero al tercer día se levanta medio compungido y triste. La Schiffer lo mira y le pregunta: «Antonio, ¿qué te pasa?». Y Antonio no dice nada. «¿Es que acaso no te gusto ya?», insiste la alemana. Pero Antonio no contesta. «¿Quieres que te haga alguna cosa especial?», pregunta picarona la rubia. Y en ese momento a Antonio se le ilumina el rostro. «Sí —le dice—, colócate al lado de esa roca y ponte un mechón de pelo debajo de la nariz, como si fuera un bigote.» La Schiffer no entiende qué pasa, pero lo hace. Entonces Antonio se sube a lo alto de la roca, le pasa un brazo por encima de los hombros a la alemana y le dice todo contento: «Hostia, Manolo, ¿a qué no sabes a quién me estoy follando?». Pues eso: #chistesviejosquemesiguenhaciendogracia.

Al del chiste le pasó como a Dominguín con Ava Gardner. Cuentan que en abril de 1953, aprovechando un paréntesis en el rodaje de *Mogambo*, el «animal más bello del mundo», que por entonces estaba casada ni más ni menos que con Sinatra, pasó unos días de vacaciones en España y conoció al torero, con el que inició un romance. Después de la primera noche de amor con la actriz, Dominguín se levantó de la cama y ella le preguntó: «¿Adónde vas?». Y él contestó: «¿Adónde voy a ir? ¡A contarlo!».

P. D.: No puedo ver una película solo, necesito comentarla, saber qué opina otra persona y decirle lo que opino yo. Necesito imperiosamente compartir. Aunque no creo que le cuente nunca a nadie que me he follado a Claudia Schiffer.

SÉ VALIENTE Y NO ME SUELTES DE LA MANO

Cuando era niño vi una película que marcó toda mi adolescencia y que todavía recuerdo. Se titulaba *Cuenta conmigo* (*Stand by me*) y sucedía en uno de esos lugares perdidos de Estados Unidos que no hace falta visitar a menos que hayas nacido allí. La película explica la historia de unos niños que se escapan de sus casas y van caminando por la vía del tren para encontrar un cadáver de otro niño, que al parecer está en algún lugar de un bosque (el morbo es tan poderoso...). Durante los días que dura su periplo, los chicos se sinceran entre ellos y crean unos lazos de amistad muy estrechos. La película acaba con una reflexión del protagonista, treinta años después, que dice: «Los amigos entran y salen de tu vida como camareros en un restaurante».

Cuando escuché esa frase me indigné mucho y pensé: «¡¿Perdón?! ¡Pero si la amistad entre estos chicos es indestructible! No puede ser. Son AMIGOS». Por aquel entonces yo pensaba que la amistad era para siempre y hacer amigos de sangre era lo más natural del mundo. Pero, amigo mío, amiga mía, nada es indestructible. Cuando creces te das cuenta de que esos lazos de amistad a menudo se desvanecen y cada uno acaba yendo a la suya. Y que la palabra «amigo» se utiliza con demasiada facilidad. Por cierto, ¡cuánto daño ha hecho Facebook...! Aunque de eso ya hablaremos más adelante, ahora no toca (parezco un profesor rechistón, ¿verdad?).

La amistad se pierde por culpa del miedo. Vivimos en una sociedad demasiado exigente que dificulta las relaciones de amor, sean del tipo que sean. Una sociedad que nos empuja a todos a ser supervivientes en lugar de vividores, que es lo que tendríamos que ser (cuando digo «vividores» me refiero simplemente a «personas que viven»). Me entristece mucho cuando alguien da un consejo (no sin razón) del tipo: «Tú, a la tuya». Si acatamos ese consejo nos convertimos directamente en supervivientes y sin darnos cuenta rompemos los lazos sentimentales con los demás. Las grandes decepciones que he tenido en mi vida en cuanto a relaciones personales se produjeron cuando aquellos que consideraba mis amigos dejaron de ser vividores para convertirse en supervivientes. Sucede casi siempre igual: un mal día el amigo mutante (o amiga mutante) te mira con expresión de «no me lo tengas en cuenta, no puedo hacer otra cosa, me tengo que salvar» y ahí se acaba todo. Ya ves, el miedo, el maldito miedo a no sobrevivir...

Con esto no quiero decir que no podamos tener amigos de verdad (yo los tengo), pero es cierto que cuanto más mayores nos hacemos, más cuesta crear esos lazos que en nuestra infancia se generaban sin dificultad. Cada vez llevamos más mochilas a cuestas y son más pesadas. Y, claro, cada vez nos resulta más difícil andar cogidos de la mano. Lo hacemos en ocasiones, pero sólo hasta que creemos que tenemos que soltarnos para seguir andando solos y poder soportar con un mínimo de dignidad el peso de la mochila en cuestión. No hay culpables en esto. Nadie tiene la culpa de soltarse. Uno se suelta y punto.

Como te he explicado, a mis ya examigos, los que me soltaron de la mano en su momento con mayor o menor sangre fría, los pongo imaginariamente en un chárter. Un chárter sólo de ida con destino a algún lugar muy lejano. Es mi manera de superar las rupturas y las decepciones que me hicieron daño. Mis amigos (los de verdad) siempre bromean con esto. Cuando estoy algún tiempo sin dar señales de vida me llaman y me preguntan si ya están en el *finger*... El chárter está ya bastante lleno, la verdad, así que cada vez me resulta más difícil dar tarjetas de embarque. Creo que desde que tengo más conciencia de que todos somos mortales me he sosegado bastante.

También he descubierto otra cosa con el paso del tiempo: que la mochila pesa menos cuando insistes en no andar solo ni soltarte de la mano de los que quieren acompañarte. A mí me cuesta mucho expresar mis sentimientos, pero soy muy terco y hay manos que no quiero soltar. He decidido que no quiero caminar solo con la mochila a cuestas por la vía del tren. He decidido ser valiente y confiar en el milagro de la amistad, que no es evidente a primera vista. He decidido ser un vividor, no un superviviente. Por eso, el mayor placer de mi vida actualmente es reunirme con mis amigos para decirnos sin palabras que no tenemos ninguna intención de soltarnos de las manos, que queremos seguir siendo unos vividores. Y gritar a viva voz: ¡hay que vivir!

P. D.: Cuando alguien empieza a caerme mal, le digo lo mismo que un jardinero a otro: vamos a llevarnos bien mientras podamos...

¡AY, HIJOS MÍOS!

Hay dos palabras que se tendrían que suprimir del diccionario: iglesia y patria. Son la fuente de todos los males, de todas las guerras y de las grandes tragedias.

El éxito de la Iglesia radica en el miedo. Es una grandísima empresa construida sobre el miedo. Todos tenemos miedo de que se mueran los seres que queremos (y de morirnos nosotros), por eso buscamos consuelo en la religión. Pero la religión aporta un falso consuelo. De hecho, a los que mandan en la Iglesia (me refiero a los de arriba, no a los curas de base) ya no les interesa estar junto a las personas que sufren, sino por encima de ellas. No hace mucho murió mi abuela y celebramos un funeral. Me pidieron que dirigiera unas palabras a los asistentes (siempre me toca este papel, pero lo hago con gusto), así que me fui a hablar con el cura. Le dije: «Si le parece bien, hable usted primero y celebre la ceremonia, y al final yo diré cuatro palabras». ¿Y sabes qué me contestó? «No, habla tú al principio y yo cerraré, porque si no sales ganando tú». ¡¡¿¿Ganando??!! Pero ¡qué miserable! Estábamos despidiendo a mi abuela, que se acababa de morir, y al cura sólo le preocupaba quién tendría más protagonismo en el funeral. En esto se ha convertido la religión.

De todas maneras, me salí con la mía y habló él primero (¡menudo soy yo cuando tengo algo claro!). Soltó las palabras consabidas, las de todos los funerales, y nos dijo que no debíamos estar tristes porque la abuela Josefina ya estaba junto al Señor. Yo miré alrededor y vi que aquello no llegaba a la gente, que él podía decir misa (literalmente), pero que la gente estaba muy triste, algunos incluso llorando.

Cuando llegó mi turno, expliqué cosas de mi abuela que tocaron la fibra de los presentes, especialmente de la familia. Conté que, aunque mi abuelo Àngel era el líder familiar, mi abuela Josefina había sido la persona encargada de cohesionar a la familia. Con ella, los Pinós pasamos veranos inolvidables en la finca de Vinyols i els Arcs, su pueblo, y de ella aprendimos el significado de la palabra «empatía», pues siempre estaba pendiente de los demás y vivía y sentía nuestros problemas como si fueran suyos. Nos escuchaba atentamente, mirándonos a los ojos y al corazón, y al final siempre soltaba su frase preferida: «¡Ay, hijo mío!», con la que expresaba que se sentía igual que nosotros. Expliqué también que la abuela Josefina había llegado a los 94 años, según mi opinión, porque estaba a gusto con su vida y no quería cambiar. De hecho, estoy seguro de que en sus últimos tiempos todavía pensaba: «Que se muera otra, que yo me quiero quedar aquí tomándome un vermut».

Conté otras cosas, como que nos había enseñado, a sus hijos, nietos, etcétera, a ser buenos, pero no tontos. Y que había dado mucho amor y por lo tanto también lo había recibido en grandes dosis. Y también dije que sus familiares estábamos muy tristes, porque aunque sabíamos que tarde o temprano se moriría (de hecho, más de una vez la «matamos», pobrecita...), ya no podríamos tener los sentimientos que ella nos despertaba. Recuerdo que dije que a mí me encantaría morir como ella, sin mucho sufrimiento y rodeado de las personas que quiero, pero también insistí en que, a pesar de ese buen final, todos estábamos tristes porque se había ido. Y así era, como lo demostraba la cara de la gente (y la cara es el espejo del alma, ya se sabe). Personalmente, lo único que me consoló fue imaginarme a mi abuela llegando al más allá y reencontrándose con mi abuelo Àngel, que seguro que la sacaría a bailar un vals. Y me reí por dentro pensando que, en cualquier momento, mi abuela se giraría para observarnos a todos los que estábamos allí y lanzaría, acompañada de un suspiro, su clásica frase: «¡Ay, hijos míos!».

P. D.: Como ves, yo también tengo mis creencias, pero no dejo que nadie las dirija.

PARA SER CATALÁN ERES MUY SIMPÁTICO

Nunca chove a gusto de todos.
Aditzaile onari, hitz gutxi.

Ojalá pudiésemos entendernos todos en las lenguas oficiales del Estado, pero no es tan fácil. Son cinco y muy diferentes unas de otras. A mí me gustaría que los niños pudiesen estudiar un poquito de cada una de ellas. Igual nunca las hablarían en casa o en la intimidad, pero al menos ya de pequeños tomarían conciencia de la pluralidad lingüística de España. Y a lo mejor de mayores no se transformarían en esos entes, cada vez más abundantes, que defienden una cultura única y niegan las otras. ¿Por qué desaprovechar la riqueza de las diferentes tradiciones, las diferentes lenguas, gastronomías, talantes de un Estado tan rico como el español? ¡Cuanto más se tiene más rico se es! Y nosotros tenemos mucho, así que aprovechémoslo, ¡coño!

Yo he tenido algunas críticas en Twitter por no escribir en castellano. Y otras tantas por no escribir en catalán. Simplemente, escribo, como persona bilingüe que soy, unas veces en castellano y otras en catalán. Así de sencillo. Además, cuando escribo en inglés o francés nadie me dice nada. Curioso, ¿no?

Siempre he pensado que lo importante es comunicarse, transmitir una idea, un sentimiento o una emoción, y para ello cualquier lenguaje es válido. Incluso el no verbal, que se me da muy bien, para qué negarlo. Por eso rechazo tanto esa identificación enfermiza con el territorio, con la bandera o con el idioma. Muchas veces he trabajado en programas donde me hablaban de los concursantes con el gentilicio. Es decir, la chica valenciana o el cantante extremeño. ¿Por qué? ¿Por qué? Pues no lo sé. Y no me gusta. Incluso en los concursos de la tele vemos cómo se vota más por identificación territorial que por las aptitudes del concursante, que nunca se corta al decir: «¡Gracias, Canarias, por haberme votado!».

¿Por qué ha de valer más una persona por ser de un país o de otro, de una comunidad o de otra? Lo importante es la valía personal, seas de Suazilandia o de Canadá. ¿O no? En España, hemos llegado al colmo de la identificación patria, con esa dualidad nacional, y somos de la Roja o del Betis (por poner un ejemplo, eh) según el partido que se retransmita por televisión. Y todo por sentirnos parte de algo. Existe una necesidad de sentirse parte de algo para sentirse importante, para no ser un paria y perder valor. ¡Ésa es una gran mentira! Cada uno tiene su valor y no necesita ser de unos o de otros para tener más o menos valor. El secreto es ser de todos y alimentarte de todos. Aprender de todos. Disfrutar con todos. Yo, por ejemplo, soy muy de Rafa Nadal, pero Federer tampoco está nada mal...

Andamos siempre a vueltas con esa identificación obligada con lo de aquí, con «lo nuestro». Y yo no dejo de preguntarme: ¿qué es lo nuestro? Me niego a compartir con alguien ese sentimiento de posesión en abstracto de una tierra o de un idioma (ya sea de mi barrio o de Tombuctú). Y no me quiero hacer ahora el cosmopolita ni nada de eso, eh, pero es que por más que busque no acabo de ver las diferencias entre las personas en función de su procedencia. Cuando fui a Ecuador para apoyar a Plan Internacional llegué a escuchar comentarios del tipo: «Vaya, irse tan lejos cuando aquí hay tanta gente que necesita ayuda». Y me pregunté: ¿vale más la vida de un niño español que la de un ecuatoriano? La respuesta es muy fácil: ¡Va, hombre, va! Lo único que nos hace diferentes a unos de otros son nuestros rasgos personales, el ser divertidos, amables o generosos (o aburridos, antipáticos o tacaños). Y eso sólo depende de cada uno, no de los demás, del entorno o del lugar donde hayas nacido. Yo soy como soy, *peti qui peti*.

Además, esa misma defensa de «lo nuestro» es una forma de rechazar lo de los otros, y nos hace caer en absurdos clichés que no acabo de entender. Porque yo tengo amigos andaluces súper trabajadores, sé de vascos que nunca han levantado una piedra y estoy seguro de que hay algún gallego que contesta claramente a lo que se le pregunta (yo no los conozco, pero supongo que haberlos haylos). Yo mismo me tengo por muy generoso (que lo soy, eh) y soy catalán. Por cierto, millones de veces he tenido que escuchar la típica frasecita: «Para ser catalán eres muy simpático». Pues sí, ya ves... Aunque, como hemos visto, ser simpático no es nada.

Lo que realmente nos enriquece es la diversidad, no la diferencia entre unas comunidades y otras. Por eso, creo que lo que tenemos que hacer es apoyar la enorme riqueza que supone tener tantas lenguas y tantas tradiciones. *Atal sia.*

P. D.: Espronceda dijo aquello de «mi única patria, la mar». Yo, ni eso.

¡HALA, YA LO HE DICHO!

Me gustan mucho las personas que cuando terminan una conversación telefónica te dicen siempre adiós y gracias, incluso aunque ese gracias no tenga ningún sentido porque has sido tú quien les ha pedido alguna cosa. Es gente que tiene el agradecimiento muy interiorizado y lo vive como una manera educada de relacionarse con los demás.

Estas personas, por desgracia, escasean. Y es que, en general, a la gente le cuesta mucho decir «gracias», a veces incluso más que «te quiero». Además, nos es más fácil dar las gracias en un restaurante o en un comercio al camarero o a la dependienta por un buen servicio, algo que no va a modificar esencialmente nuestras vidas, que dar unas sinceras gracias a alguien querido que nos ha ayudado en algo realmente importante y útil. A mí, por lo menos, me cuesta más, y eso que me considero una persona agradecida. No acabo de entender por qué me pasa, ¡y eso me da tanta rabia! Creo que lo asocio con un sentimiento de vulnerabilidad que no quiero mostrar; no quiero dar la sensación de que necesito de los demás (las dichosas mochilas de los cojones). Incluso cuando alguien querido me da las gracias le respondo: «No tienes por qué dármelas». ¡Y eso me da más rabia todavía!

Curiosamente, a los que menos damos las gracias es a los amigos y familiares, y esto es algo que deberíamos cambiar. Cuando digo amigos me refiero principalmente a los de verdad, no a los de «moda». Tengo sólo unos cuantos amigos y amigas de verdad, poco más de media docena, pero son importantísimos para mí, son mi red de afecto. Con ellos puedo mostrarme vulnerable y ser generoso sin crear incomodidad porque saben cómo soy. Creo que todos deberíamos tener esta red de afecto y cuidarla. Y alimentarla con unos cuantos «gracias» por aquí y por allá.

Algo parecido me pasa con el «te quiero». Bueno, en realidad es mucho peor. ¡Hay tanta gente a la que quiero y a la que no se lo he dicho nunca, o no lo suficiente! Eso sí es muy catalán. Cuanto más quiero a alguien más me cuesta decirle «te quiero» (no hablo del enamoramiento con mi pareja del momento, ya que en pleno coito sí es fácil decir te quiero... Eso sí, antes del orgasmo). Llega un momento, no sé por qué, en que me digo: «¡Esto no puede ser!», y me obligo a decirlo en voz alta. Cojo aire profundamente y lo suelto como si no fuera conmigo... ¡Te quiero! Y pienso: ¡Hala, ya lo he dicho!

No sé por qué me cuesta tanto pronunciar esa frase, si es una de las más bonitas que te pueden (o puedes) decir. Supongo que también es por la maldita vulnerabilidad. Decir «te quiero» a alguien es también decirle: «Aquí me tienes para lo que quieras, y no tendré ningún problema en ponerme en duda por ti». Y eso es peligroso, porque nunca hay que sobrepasar la delgada línea roja de la dignidad y del amor eterno hacia uno mismo. Te lo digo una vez más, y no me cansaré nunca de hacerlo: si no te quieres a ti mismo, no podrás querer de verdad a los demás.

Me doy cuenta de que detrás de esta dificultad que tengo para decir «gracias» y «te quiero» existe también un miedo a hacer el ridículo. Un miedo que no tengo cuando me visto de pollo, de tomate, de calamar o de cucaracha delante de millones de telespectadores. Y también me doy cuenta de que igual que he podido superar la vergüenza a disfrazarme sin problemas, debería ser capaz de decir cosas tan simples y tan bonitas como «te quiero» y «gracias».

Me gustaría muchísimo que este libro que estoy escribiendo, a parte de entretenerte y divertirte a veces, te fuera útil para algo. Para mí, sin duda, lo está siendo. Me gustaría poder decirte «te quiero», pero lamentablemente aún no te conozco (o sí); pero gracias a que me he puesto a escribir este capítulo me he dado cuenta de que se lo tengo que decir sin miedo ni vergüenza a las personas que conozco y quiero.

P. D.: Gracias.

DIVERSIÓN

TALADRANDO AL PERSONAL

Durante más de un año me han perseguido las obras, #estoesasí. Y no me refiero a las obras de teatro, algo normal e incluso deseable, tratándose de un director y actor de teatro: me refiero a la construcción. Reformas en el piso de abajo y una lijadora eléctrica en el desayuno; remodelación de la fachada del edificio y un martillo en la siesta; reparación de goteras en la terraza y un taladro en medio de *Juego de tronos*. Esto podría desquiciar a cualquiera, y de hecho, a mí al principio llegó a desquiciarme... Hasta que descubrí la verdad de todo. La clave era *Taladrando al personal*, un *reality* para poner a prueba la paciencia del concursante, captado sin que él lo sepa en una especie de adaptación de *El show de Truman*. La víctima en este caso era yo, estaba claro. Me convertí sin saberlo en el protagonista del programa de televisión imaginario que sufriría (a ver hasta cuándo) las provocaciones sonoras de todas las personas que trabajaban duro en el *show* imaginado por mí. Tuve claro que lo que me taladraba cada día era insoportable y no me quedó otra que modificar la realidad para hacerla más soportable.

Lo sé, tengo mucha imaginación, pero eso puede ser muy útil

en determinados casos. Porque a partir de entonces todo cambió. Ir a comer tranquilamente a una terraza y que a cinco metros hubiese un martillo neumático levantando la acera y haciendo un ruido infernal ya no era una maldición, ¡era un triunfo! Pensaba: «¡Los he pillado, JAAAAAA! ¡Ahí están los del *reality*! Qué buenos son: ni yo sabía que iba a venir aquí a comer y ellos ya lo tenían todo preparado. ¡¡¡JAAAAAAAAAA!!!». Aún me río cuando recuerdo el fin de semana que viajé a Sevilla a una fiesta de cumpleaños y... ¡¡¡¡¡allí estaban los de *Taladrando al personal*!!!!! ¡Sabían en qué hotel iba a alojarme y se apresuraron a remodelar su fachada! ¡Qué grandes! ¡Qué gran producción!

Ya hace mucho que no me despiertan los taladros. Creo que *Taladrando al personal* se ha terminado. ¿Lo habrán suspendido por falta de audiencia? ¿Habrán tenido dificultades para encontrar nuevos concursantes? ¿Habrá peligrado la integridad física de alguno de los obreros-figurantes a manos de una desquiciada víctima? En cualquier caso, aquel *reality* inventado me sirvió para darme cuenta de que habitualmente la gente se toma las cosas como son y no se molesta en ir más allá, e incluso a veces se regocija en ellas para aumentar su desgracia. Así, lo que podría ser un contratiempo sin importancia les hace perder los nervios, sentirse desgraciados y creer que hay una confabulación universal contra ellos. Yo prefiero recurrir al sentido del humor.

Taladrando al personal derribó paredes, llenó casas de agujeros y pulió fachadas y suelos, pero a mí no logró taladrarme gracias al sentido del humor. La vida puede ser un calvario si no tienes la capacidad de reírte de ti mismo y darle la vuelta a las circunstancias banales de la vida; si no tienes la intención y la determinación de pasarlo bien, de divertirte. Sin eso, uno está condenado a sufrir, incluso gratuitamente, con cualquier bobada o contratiempo. Y no sólo eso: además te privas de grandes momentos de risa. El sentido del humor es inteligencia... ¡¡¡y tan divertido!!!

El otro día, apenas una semana después de sacar del taller mi coche impecable, abollé un poco la defensa trasera aparcando en el Paseo de Gracia. Me tragué uno de esos pivotes traicioneros que no se ven a no ser que vayas caminando. Esa misma noche rallé la puerta del copiloto al entrar en un aparcamiento, y cuando fui a sacar el coche descubrí marcas de pintura roja en mi carrocería negra... En seguida pensé: *Sobre ruedas*. ¿Verdad que es un buen nombre para un *reality*?

P. D.: Hay que reírse de la vida, porque si no, la vida se ríe de ti.

LAS MEDIAS DE SARA MONTIEL

El tiempo pasa. ¡Esto es así! Pero no voy a hablar del tiempo como un ente imparable que hay que aprovechar, sino como ente modificador de la realidad. El recuerdo modifica, sin duda alguna, la realidad vivida. Hay un filtro natural dentro de cada uno que borra las cosas malas y sólo recuerda las buenas. Sí, sí. No me digas, por ejemplo, que no has ido a una boda en la que en realidad pasaste mucho calor y la comida estaba malísima, pero lo que recuerdas es la turca que pillaste luego, en el baile, al son de «¡mil campanas suenan en mi corazón, qué difícil es pedir peeeeerdón, ni tú ni nadie nadie puede cambiarme!».

La frase que más veces he oído en relación con lo que he hecho en la tele es: «Como los concursantes de la primera edición de *OT* ninguno». ¡Va, hombre, va! Si viéramos algunas de las galas de *OT1* o algunas de las actuaciones hoy mismo nos quedaríamos petrificados de lo malas que podían llegar a ser. Lo que ha pasado es que el tiempo ha modificado la realidad del espectador. Ha habido concursantes igual de buenos e igual de malos en las ocho ediciones de *OT*. La diferencia entre ellos es el prisma del espectador. O las medias de Sara Montiel. Me refiero a una leyenda urbana que dice que siempre que sale Sara Montiel en la tele hace que coloquen unas medias en los objetivos de las cámaras para crear una imagen de melancolía. Ésa es la clave. Melancolía = transformación positiva de la realidad pasada. Eso es por la búsqueda interna inconsciente y constante de la felicidad.

Pero igual que somos capaces de cambiar el pasado tenemos que ser capaces de cambiar el presente. ¿Por qué complicarnos el presente? Vivamos los buenos momentos. Provoquemos los buenos momentos y evitemos los malos. Ya sé qué estás pensando: que es muy fácil decirlo y difícil hacerlo... Pues no es así. Parece difícil, pero ¡no lo es! Todos tenemos a veces trabajos que no nos gustan, personas que no soportamos y a las que estamos obligados a tragar sí o sí, etcétera. Para llevarlo lo mejor posible, mi truco es buscar un cómplice con el que reírme de todo y de todos. Puedes crear un grupo de WhatsApp (el mío se llama Olerameos) y compartir con tus amigos divertidos (seguro que alguno tienes) las cosas y las personas que te sacan de quicio durante el día. Mucha gente intenta solventar su malestar a través de la crítica y el mal rollo, eso que dicen «hacerse mala sangre». ¿Cuántas veces no hemos visto en un bar a parte de la plantilla rajar del jefe o de algún compañero de trabajo? El tema da para más de una cerveza, si te pones. Pero no te hará más feliz, te lo digo yo.

Recuerdo una gira por España con una obra de teatro con la que me lo pasé en grande. Nunca me había reído tanto en mi vida, dentro y fuera del escenario. La compañía era estupenda y la comida también. Si eres actor con tendencia a la obesidad, como yo, y te proponen una gira teatral por España, ten claro que ocho kilos los pillas seguro. ¡Se come tan bien en España! Todo era perfecto menos el productor que nos llevaba de gira, que era muy «agarrao» (¡y eso que el catalán era yo!). Un día que ya no podíamos más con ese hombre, nos pusimos todos a criticarle a saco en el escenario: ¡venga a sacar mierda! Y él estaba escondido detrás de la escenografía escuchando todo lo que decíamos. ¡Qué risa ahora que lo recuerdo! Pero, ¿ves cómo el tiempo modifica la realidad? Porque en ese momento todos queríamos morir fulminados en el acto. Y supongo que él también nos quería ver fulminados...

Ese señor me amargó la vida durante un tiempo, hasta que aprendí a reírme de él. Recordarlo ahora me hace mucha gracia y no tengo ningún sentimiento negativo hacia él, al contrario. De hecho, a veces tengo ganas de verle, porque siempre suelta alguna y me río por dentro. Lo que hago es ponerme las medias de la Montiel en la cara cuando hablo con él, y así puedo modificar la realidad a mi antojo.

P. D.: Sabia Sara Montiel.

¡YO NO SOY UN VIDEOJUEGO!

Interior, día. Vemos a un joven que se está acabando de acicalar porque ha quedado con un amigo para ir al cine. Antes de salir de casa abre su Facebook en el ordenador y anuncia a los cuatro vientos que se va a ver una peli (como si el mundo entero estuviera pendiente de tan trascendental evento). En el mismo acto felicita el cumpleaños a varias personas que apenas conoce y coloca en su muro las novedades de la jornada de trabajo. En el camino hacia la sala, ya desde su móvil, cuelga un par de *tuits* propios que se le han ocurrido desde que salió por la puerta de casa y *retuitea* otros dos de «celebridades» con las que nunca ha hablado. Por supuesto, cuando está llegando al cine escribe un *watsap* anunciando a su compañero de cine que está buscando aparcamiento, que no hay manera de encontrarlo, que parece que ahí se va uno, que vaya mierda de tráfico, que la próxima vez coge un taxi y que, finalmente, ya ha tirado el coche en un sitio imposible y va para allá. Antes de que comience la película y apague su *smartphone* (o simplemente lo deje en silencio con vibrador, no vaya a ser que llegue algún mensaje «importante») contesta dos mensajes de texto, uno de su madre, que pregunta si el sábado va a ir a comer a casa, y otro del señor que por fin va a venir a poner el césped artificial en su terraza... ¿Resultado? Lleva tres cuartos de hora comunicándose con gente y no ha cruzado una palabra con nadie.

El protagonista de la escena podría ser yo de no ser porque el césped de mi terraza lo coloqué con estas manitas que me dio Dios, como sabes, y porque nunca dejaría tirado mi coche en un sitio imposible. Y podrías ser tú también, no lo niegues. El formidable vendaval de las redes sociales, tan imbatible, tan útil, tan trascendental (como comprobamos en las emocionantes revoluciones ocurridas en los países árabes o en las movilizaciones de los Indignados en España y el resto de mundo occidental) tiene, sin embargo, más efectos secundarios que un tercer *gin-tonic* (sí, ese que nos sabe tan rico en el momento de tomarlo, pero que al día siguiente convierte la resaca en convalecencia y el cuerpo en piltrafilla con apariencia humana... Bueno, a mí me lo han contado, jijiji). Corremos el riesgo de convertirnos en avatares de nosotros mismos. No se trata de demonizar la parte buena de esa revolución tecnológica y social, de esos endiablados cacharritos que nos acompañan noche y día como una segunda piel. Se trata de que estos avances no terminen por sepultarnos y convertirnos en seres virtuales que hablan con todo el mundo a la vez, pero que en realidad no hablan con nadie, que terminan las conversaciones sin despedirse (¡eso me da una rabia...!), que se inmiscuyen en conversaciones que no les van ni les vienen, que propagan o desprecian los pensamientos de otros (el famoso «me gusta» o «ya no me gusta»), etcétera.

Mira, a mí no me gustan ni el queso ni el chocolate (sí, soy «el» tipo al que no le gusta el chocolate), pero eso es completamente irrelevante para el mundo. Seamos sinceros: buena parte de ese aluvión de *tuits*, de ese chaparrón de mensajes, nos son ajenos. Y que conste que yo estoy encantado de poder comunicarme con mis seguidores en Twitter o con mis «amigos» *facebookeros* de una manera más directa (no me imagino escribiendo trescientas mil cartas a los *tuiteros* que me siguen). Pero siempre sabiendo que esto es lo que es, o sea, un medio de comunicación, no el bálsamo que cura soledades, ausencias, egos, malos rollos, ciclotimias en su parte baja ni otras cosas del alma que la electrónica, Steve Jobs (desde al más allá), Mark Zuckerberg o Jack Dorsey pueden remediar con sus toneladas de megas, sus FF de los viernes (que ya se lanzan hasta los jueves) y sus *trending topics*.

Las personas no somos videojuegos. Por eso, en las instrucciones de cada nuevo ingenio electrónico el fabricante debería recomendar un uso razonable, como se hace con los medicamentos.

P. D.: Iba a escribir el capítulo en plan «Wenas, ktal? Ns vms mñn». Pero he pensado: «Uf, ¡qué infierno!». Además, aquí, por suerte, tengo todo el espacio y el tiempo del mundo.

PETER PAN ES UN TÍO LEGAL

¿Cuál es la mayor diferencia entre un hombre y una mujer (además de los genitales, claro)? Pues que cuando un hombre dice sí, quiere decir sí, mientras que cuando una mujer dice sí, puede querer decir sí, no, tal vez, hoy no me has dicho que me quieres, no estás suficientemente por mí, no te has fijado en que he ido a la peluquería, déjame tranquila, etcétera. O sea, que los tíos somos unos simples, pero al menos somos transparentes. Por eso nos cuesta menos divertirnos (imagínate, nos divertimos incluso con una pelota).

Con esto no quiero decir que odie a las mujeres, ni mucho menos (si fuera así me quedaría casi sin amigos, pues la mayoría de mis amigos son mujeres), sino simplemente que son más retorcidas. Eso las hace más interesantes, por supuesto, siempre y cuando lo que te apetezca sea complicarte la vida. Por ejemplo, su sofisticación emocional puede ser muy entretenida y enriquecedora, pero si lo que quieres es vivir tranquilo puede ser también una auténtica tortura. Todo depende de lo que quieras.

Los hombres, reconozcámoslo, somos unos inmaduros y lo seremos siempre: decimos no cuando queremos decir no y decimos sí cuando queremos decir sí: ¡¿qué puede ser más inmaduro que esto?! Esta aplastante simplicidad, sin embargo, facilita mucho las cosas. Si un amigo te ofrece un *gin-tonic*, por ejemplo, respondes al momento sí o no (casi siempre es sí), y no preguntas si la ginebra es Seegrams o Bombay Sapphire o si lleva limón exprimido o si vas a «romper» la burbuja cuando tires la tónica: te tomas lo que hay y punto. Por cierto, esto me recuerda un chiste: va un tío a un bar gay y pide un *gin-tonic*. El camarero le pregunta: «¿Le pongo pepino?», y el tío responde: «Sí, desde el momento en que te he visto».

El caso es que los hombres (hablo en general) no tenemos ningún interés en madurar, y si alguno lo hace, es sólo para tener contenta a la pareja. Siempre hemos pensado que Peter Pan es un tío majo. Puede que sea simple, pero es mucho más legal que Campanilla, que tan pronto es servicial como vengativa. Si eres mujer, tal vez te sientas decepcionada al leer esto. Me refiero a que a lo mejor pensabas: «Mira el Llàcer, qué sensible parece, seguro que tiene un lado femenino bien trabajado...». ¡Pues va a ser que no! De todas maneras, piensa que en realidad te estoy haciendo un favor explicándote esto, porque todavía hay muchas mujeres que viven engañadas pensando que sus hombres cambiarán algún día. ¡Sácatelo de la cabeza! Los hombres nunca seremos como quieren las mujeres. En algún momento tal vez te lo parezca, pero es sólo porque a base de observaros a veces aprendemos a disimular. Con el tiempo y la práctica, algunos hemos aprendido a identificar cuándo esperáis un sí o un no o una respuesta imprecisa, y así damos la impresión de que os entendemos. Pero no es verdad: lo único que queremos es que nos dejéis mirar la tele tranquilos.

P. D.: Por cierto, hay algo que la mitad de la Humanidad, justamente la mitad que hace pis de pie, jamás lograremos entender: ¿qué tiene de divertido pasarse la tarde mirando escaparates?

EL PRÍNCIPE AZUL

La limusina recorría veloz las amplias avenidas de la ciudad. El motor, siempre silencioso, rugía ahora con toda la intensidad de quien comienza a desesperarse. Ya a punto de llegar, ordenó a Darryl, el chófer, que conectase el potente radiocasete para que la música de *La Traviata* inundase su calle, no fuese a ser que ella no quisiera salir a su encuentro... Y ella hace precisamente lo que todos (vaya, casi todos) haríamos: soltarnos la melena y decir sí, sin dudarlo ni un instante, con una sonrisa tan amplia como la de Julia Roberts.

Bueno, quizá no fuese exactamente así, pero a veces la memoria adorna los recuerdos y nos creamos una imagen embellecida de las cosas. Hemos visto tantas veces *Pretty Woman* que ya la hemos interiorizado, y todos somos, en cierto modo, esa moderna princesa salida de la nada, o más bien del barro, que espera la llegada del príncipe azul. O al revés, y al modo del poderoso Edward Lewis encarnado por el apuesto Richard Gere, quisiéramos tener todo el oro del mundo para ganarnos al amor de nuestra vida a base de bombones, áticos de lujo, *jet* privados (¡aaay, mi capricho que nunca podré cumplir!) o diamantes.

Así que revivimos la escena una y otra vez, la disfrutamos sin perder detalle recitando el diálogo, que ya nos sabemos de memoria, al mismo tiempo que los protagonistas de la peli, y la vemos cada vez que la ponen en algún canal de tele en una de esas tardes de domingo en las que no hay nada mejor que hacer. Siempre me sorprende la desmesurada audiencia que tiene esta película cada vez que la echan por la tele y siempre me pregunto por qué la gente la mira una y otra vez cuando la dan (que debe ser una o dos veces al año). Y la única respuesta que soy capaz de dar es que en el fondo todo el mundo sabe que esa historia no existe en la vida real, y así se lo dice Vivian a Thomson, el director del hotel, su barbuda hada madrina: «Nosotros vivimos en el mundo real. Casi siempre». A todos nos gustaría que nos pasara lo que les pasa a Julia y a Richard, pero al darnos cuenta con el paso de los años de que eso no nos va a ocurrir, pues no nos queda más remedio que verlo por la tele. Lo sé. Es muy duro, pero es así. Walt Disney no es el único que ha hecho daño.

En la vida real, la llegada del amor es bastante más ardua, y la cosa se complica más a medida que nos hacemos mayores, porque nuestras mochilas van creando un lastre que nos impide avanzar en los terrenos a veces pedregosos del amor. Y ya no digamos si queremos volar y deshacernos de lo que nos ata a la tierra. Entonces es imposible.

Pero a pesar de que en nuestras historias de amor no haya lacayos ni carrozas, y que la banda sonora que acompaña nuestros besos no sea Roxette cantando *It must have been love*, sino un desafinado concierto de hipotecas, hijos con futuro incierto, horarios laborales, colas del paro y demás cargas familiares, la llegada del AMOR nos transforma taaaaaanto la perspectiva que el más minúsculo apartamento nos parece un ático de lujo, un vestido de mercadillo se transforma en el vestido rojo palabra de honor que Vivian lleva a la Ópera, viajar en un vuelo *low cost* con el amor de nuestra vida es como volar en *jet* privado (porque sólo lo vemos a él o a ella) y un viejo seiscientos se convierte una enorme limusina. Así pues, aunque el enamoramiento sea una enfermedad durante la cual no podemos tomar decisiones importantes (como ya te he dicho en el capítulo *Estamos embarazados*), es una enfermedad que nos tenemos que empeñar en vivir las veces que haga falta. No como la varicela, que la pasas una vez y ya te deja inmune.

P. D.: ¡Enamórate YA!

¡¡SÁCALO!!

Me gustaría decirte, por si todavía no te has dado cuenta, que en estas páginas he tratado de mostrarme tal como soy, sin trampa ni cartón, sin simular ser otra persona, a pecho descubierto, con lo bueno y con lo malo (tú decidirás qué lado de la balanza pesa más). No ha sido un ejercicio fácil, sobre todo para alguien como yo, a quien le cuesta mostrarse vulnerable. Porque, ya se sabe, el que muestra sus debilidades puede ser herido más fácilmente.

He intentado que pasáramos un buen rato juntos, como cuando de pequeños nuestros abuelos o nuestros padres (o algún visitante ocasional) nos explicaban un cuento. Por eso, he tratado de hacerlo entretenido, pues tengo claro que el lector, como el espectador en la televisión y en el teatro, «no se puede aburrir». Para mí, ésta no sólo es una máxima incuestionable en el mundo del *show business*, sino que además se podría aplicar a la vida en general, pues si hay algo que no soporto, además de la injusticia, es el aburrimiento. ¡La vida no puede ser aburrida!

He querido compartir contigo alguna que otra intimidad y unas cuantas reflexiones sobre el amor, la amistad, el trabajo, el éxito, el talento, la televisión, el teatro y la vida en general. Mi objetivo, como te decía, era hacerlo sin máscaras, desnudándome, pero no con un afán puramente exhibicionista, sino con una finalidad altruista: ayudarte, en la medida de mis posibilidades, a reflexionar sobre tus valores y sobre lo que consideras que para ti es una vida de éxito. Y para que, en definitiva, saques lo mejor de ti (¡¡¡SÁAAAAAAACALO!!!, jeje). En cualquier caso, tú eres aquí el jurado y tú decidirás si lo he conseguido o no.

Mi deseo de corazón es que puedas «sacarte» de encima todo aquello que te pesa o te disgusta, y que eso te permita «sacar» de tu interior lo que realmente llevas dentro, ese talento que te hace único o única, aquello con lo que disfrutas como si no hubiera un mañana, porque al final eso es lo que te hará feliz, lo que te llevará a alcanzar un éxito a tu medida. Te lo vuelvo a decir: a veces parece difícil, pero ¡no lo es!

He empezado el libro con seis palabras, ¿recuerdas?: coherencia, trabajo, talento, personalidad, empatía y diversión. Y lo acabaré con otras seis: emoción, equipo, creatividad, riesgo, placer y perseverancia. Todas ellas también son importantes para alcanzar el éxito, tu éxito. Por cierto, ahora que lo pienso, esto podría dar para otro libro, ¿no crees?

P. D.: Supongo que ya te has cansado de mí, pero si no, nos vemos en Twitter: @angelLlacer. ¡Aaaaaaaaaadióssssssssss!

AGRADECIMIENTOS

Ahora que ya no me cuesta tanto decir «gracias», creo que es un buen momento para expresar mi agradecimiento a una serie de personas sin las cuales este libro no habría llegado hasta ti. Doy las gracias a:

Mis padres, por habérselo pasado tan bien en Milán esa Semana Santa de 1973 y por habérmelo hecho pasar a mí igual de bien desde enero de 1974...

Albert, Tatiana, Anna, Clara, Fernando, por tener el hueso del aguacate tan bonito y robusto...

Álvaro, Beatriz, por estar tan a gusto en la sombra.

Mónica, por ser la sombra que nos da cobijo.

Liliana, por escuchar vía telefónica cada capítulo de este libro.

Jordi, por hacer que lo difícil parezca fácil.

Jose, porque si no... me mata.

Xavi, por inyectarme confianza.

Manu, porque me empeño en no soltarle de la mano.

Josep, por haberme facilitado alcanzar *mi* éxito.

Roger Domingo, que creyó que yo podía escribir un libro cuando ni yo mismo estaba seguro.

María José Adelantado, que fue la primera que dijo: «Este chico debería escribir un libro».

...